ウクライナ戦争は
なぜ終わらないのか

デジタル時代の総力戦

高橋杉雄 編著

文春新書

1404

ウクライナ戦争はなぜ終わらないのか◎目次

まえがき　なぜロシア・ウクライナ戦争は終わらないのか

高橋杉雄

ロシア・ウクライナ戦争は、ロシアが、隣国であるウクライナとの問題について、外交的解決を放棄し、暴力をむき出しにして一方的に侵攻することで始まった。冷戦が終結し、21世紀に入ってから も20年を経て、グローバリゼーションが進展し、国家間の相互依存が深化しているこの時代に、国連常任理事国を務める大国の政策選択肢として、他国を侵略する形の戦争が選択されたことは、世界中に衝撃を与えた。

開戦からはすでに1年以上の時が過ぎてしまっている。２０２３年5月現在、ウクライナが反攻の準備を進めているとされるが、戦争全体を見ると、終息の気配はいまだに見いだせない。この戦争はなぜ終わらないのか、あるいは終わるとすればどのような終わり方があり得るのか、世界中の人々が答えを見いだせない中、戦争は長期化への道を進みつつある。

「ロシアが戦いをやめれば、戦争は終わる。ウクライナが戦いをやめれば、ウクライナがなくなる」という言葉があるとおり、ウクライナは国土をすべて奪回するまで戦いをやめないだろう。しかし、ウクライナが国土を奪回したとしても、それが直ちに戦争終結を意味するわけではない。本書で詳しく分析しているが、ロシアの戦争目的に照らしてみれば、ロシア軍がウクライナ領内から撃退されたとしても、それだけでは戦争を終わらせる理由にはならないからである。そうなっても、ロシアは都市爆撃を継続しようとするであろうし、隙があれば再侵攻を試みる可能性すらある。それはなぜなのか。

一般論として言えば、戦争を望む人はほとんどいない。にもかかわらず、なぜこの戦争は始まり、そしてなぜ終わらないのか。そして終わるとすればどのような道があるのか。それを考えていくのが本書の目的である。

デジタル時代の総力戦

ひとつの戦争としてみると、ロシア・ウクライナ戦争には、「古さ」と「新しさ」の同居を見て取ることができる。「古さ」としては、グローバリゼーションが進んだ現代に、まるで帝国主義時代のように大国がむき出しの武力を行使して他国を侵略することであったり、戦場で展開している第1次世界大戦を思い起こさせるような塹壕《ざんごう》戦や、第2次世界大戦を思わせるような戦車を中心とする重火力戦闘があげられる。「新しさ」としては、スターリンクを代表とする、宇宙空間やサイバー空間にこの戦争が広がっていること、あるいはSNSを通じて様々な情報が拡散していることが挙げられる。

「古さ」や「新しさ」を感じるということは、直感的に見て２０２０年代の世界との時間的な「ずれ」をわれわれが感じ取っているということでもある。しかしこの戦争は、まぎれもなく２０２０年代前半に起こっており、そうした「ずれ」それ自体もあくまで現代的な文脈の中で起こっている事象である。

大国による武力行使という「古さ」を感じる側面は、実際には、現在「大国間競争」として展開している大国間のパワーゲームとも関係している。そして、現在の「大国間競争」の中で大きな存在感を持っているのは中国である。詳しくは本文で分析するが、中国の台頭と米中対立がなければ、この戦争に至る歴史の道筋は大きく変わっていただろう。場合によってはロシア・ウクライナ戦争そのものが起こらなかったこともあり得る。また、米国は、あくまで対中戦略を優先させながら、ウクライナに多大な支援を行っている。ロシア・ウクライナ戦争はヨーロッパにおける局地戦に過ぎないが、その意味で、グローバルな大国間競争に埋め込まれた形で展開しているのである。

「新しさ」を感じる側面には、現代社会の人々の生活パターンがかかわっている。この戦争では、交戦国の政府からの公式発表や、戦地で取材する大手メディアからの報道だけでなく、現地で戦う人々からのＳＮＳを通じたダイレクトな情報発信が世界に影響を与えている。２０２２年4～5月のマリウポリ攻防戦のさなかには、ウクライナの民兵組織であるアゾフ連隊がしばしば現地の状況をＳＮＳにアップした。２０２３年春バフムト攻防戦のさなかにも、ロシアの傭兵組織であるワグネルからＳＮＳへのダイレクトな情報発信が行われた。これらは、世界中でＳＮＳ空間の中でコンテンツとして消費されながら、既存メディアからも拡散していった。これは、今のデジタル社会における人々の生活パターンに埋め込まれた形での情報の広がりでもあった。

人々がこの戦争に感じる「古さ」と「新しさ」は、この戦争における出来事と現代社会との「ずれ」を、時間的な「ずれ」として人々が認識していることによるのかもしれない。しかしこれは、実際には、時間的な「ずれ」によるものではなく、グローバリゼーションとデジタル化が進んだ世界における局地戦に特徴的なもので、その特徴を人々が初めて体験しているからこそ感じるものなのかもしれない。ロシアはまだ総動員はかけていないが、すでに30万人の部分動員を行った。ウクライナにはほぼ完全に総動員態勢に入っている。つまり、ロシアもウクライナも、国内のリソースを動員して、「総力戦」に近い形でこの戦争を戦っているのである。しかし、グローバリゼーションが進んだ現代においては、こうして総力戦を戦っている両国も、国際社会から切り離されていない。むしろ国際的な空間で展開している大国間競争や人々の日々の生活に埋め込まれた形で、この戦いは続けられている。

　何より特徴的なことは、この戦争の帰趨《きすう》が戦場だけでは決まらないことである。戦略論の中では、安全保障政策は軍事に限定されないという意味でＤＩＭＥという言葉が使われることがある。ＤＩＭＥとは10セント硬貨を指す英単語だが、ここでは、外交（Diplomacy）、情報（Information）、軍事（Military）、経済（Economy）という四つの政策手段を総称する意味で使われる。つまり、安全保障政策を進める上では、軍事だけでなく、外交や情報や経済も組み合わせなければならないという意味である。

　この戦争においては、開戦後も、これらの手段がすべて使われている。ウクライナが積極的に展開した外交は、米欧諸国からの武器援助を拡大させた。２０２３年５月のＧ７広島サミットには、ゼレンスキー大統領が電撃出席し、Ｆ-16の供与と訓練の支援を取りつけるとともに、インドなど、「グローバルサウス」と通称され、この戦争では米欧と一定の距離をおく国々の首脳たちと会談した。ロシアも、中国などとの関係強化のために外交を積極的に展開している。情報も、ウクライナとロシアの双方が、自らの正当性をアピールするために発信されている。経済的手段も、ロシアの継戦能力を削り取るために実行されている。日本では、特に外交や経済を軍事と対立的な概念として捉えがちだが、この戦争では、開戦後も外交・情報・経済もそれぞれに重要な役割を果たしているのである。

　この戦争を取り巻くこうした現象を、本書では「デジタル時代の総力戦」としてとらえることにしたい。ロシア、ウクライナ両国だけではなく、ウクライナを積極的に支えている米欧諸国を含め、この戦争を有利に運ぶためにＤＩＭＥが総動員されているのである。これは、この戦争にユニークな現象ではなく、今後の戦争において一般的な傾向となるように思われる。だとすれば、この戦争において展開しているＤＩＭＥをとりまくさまざまな現象を、しっかりと観察していかなければならない。

本書の構成

　以上の視点に基づきながら、本書は、三つの大きな論点から構成されている。第1の論点は、「なぜこの戦争は始まったのか」である。筆者が執筆した第1章では、冷戦の終結からの歴史的プロセスを概観する形で、この戦争に至る道筋を再検討し、この戦争がロシアとウクライナのアイデンティティをめぐる戦争であると結論付けた。次に福田潤一氏（笹川平和財団）が執筆した第2章で、「この戦争は抑止可能だったのか」という点に注目して、詳細な分析を行っている。そして、この戦争の抑止はそもそもほぼ不可能に近かった、との結論を導き出している。

第2の論点は、「この戦争はどのような戦争なのか」である。戦況の展開だけであれば、ほかの書籍もあるので、ここでは特に、「デジタル時代の総力戦」を特徴づける新領域のかかわりについて議論している。第3章は、日本を代表する宇宙安全保障の研究者である福島康仁氏（防衛研究所）が、この戦争におけるロシアとウクライナ双方の宇宙利用について検討し、特に商業宇宙利用の支援を受けることで、独自の宇宙作戦能力を持たないウクライナが、有効な形で宇宙空間を利用していることを示した。第4章は、同じくサイバー安全保障に関する日本有数の研究者である大澤淳氏（中曽根康弘世界平和研究所）が、この戦争におけるサイバー空間のかかわりについて、マルウェアによるサイバー攻撃だけではなく、フェイクニュースを利用したハイブリッド戦争などにも視野を広げて分析している。

第3の論点は、「この戦争は終わらせることができるのか」である。戦争が始まって1年余りを経たが、いまだに戦争終結に向けた具体的な道筋は見えてこない。しかし、そういった問題についても考えていく必要がある。そこで第5章では、筆者が「シナリオ」という形で、戦争終結に向かう可能性を検討した。そこには三つほどの道筋が想定できるが、そのうち二つについてはまだまだ時間がかかると予想され、もう一つについては可能性が低いと考えられる。その一つとは、ワイルドカード的な政変がモスクワないしベラルーシで起こることである。２０２３年5月下旬の段階で、ベラルーシのルカシェンコ大統領の体調不良が報じられているが、このシナリオは文字通りワイルドカードシナリオであり、蓋然性が高いとおよそ言えるようなものではない。

そのうえで終章として、日本の安全保障への影響を論じた。ロシア・ウクライナ戦争がはっきりと示したことは、戦争は始まってしまうと終わらせることが難しいということである。日本を取り巻く安全保障環境の厳しさを考えると、戦争を起こさせないこと、すなわち抑止力がこれまで以上に重要になってきたということを、この戦争は教えてくれている。せめて自分たちの周りでは戦争を起こさせないこと、それを重要な政策目標としていく必要があろう。

なお２０２２年2月24日に始まったロシアとウクライナの間の戦争については、「ロシアのウクライナ侵攻」「ウクライナ戦争」など、いくつかの呼び方がある。筆者は、交戦国を明記すべきと考え、基本的には「ロシア・ウクライナ戦争」と呼んでおり、本文中はこれで統一している。ただし表題だけは、長さも考え、「ウクライナ戦争」と表記することとした。

本書は、筆者だけでなく、福田潤一氏、福島康仁氏、大澤淳氏によるもので、もともとは笹川平和財団で行っていた「新領域における抑止の在り方」事業での研究成果を出発点にしている。ここでいう新領域とは宇宙空間とサイバー空間を指す。同事業自体は2021年度から進めていたものだが、2022年2月にロシア・ウクライナ戦争が始まってすぐに、ケーススタディとして、この戦争における新領域のかかわりや抑止の問題について議論を行った。本書はその議論の成果をベースにした上で、「次の戦争」になる可能性がないとは言い切れない台湾海峡有事との関連で読みとれることを論じたものである。主催事業の成果についての出版に同意していただいた笹川平和財団には深く感謝したい。また、筆者が持ち込んだ企画を出版する決断をしていただいた文藝春秋と、時には厳しく工程を管理してくださった編集担当の鳥嶋七実氏にも、この場を借りて感謝申し上げたい。

なお、本書に記された見解はすべて執筆者個人のものであり、それぞれが所属する組織を代表するものではない。

第1章
ロシア・ウクライナ戦争はなぜ始まったのか

高橋杉雄

はじめに　「大国間競争の時代」

人類史において戦争は絶えない。同じ戦争は二つとなく、それぞれに特徴がある。今の段階でロシア・ウクライナ戦争における特徴を挙げるとすれば、「古さ」と「新しさ」の同居だと言えるだろう。

「古さ」としては、「まえがき」でも述べたように、まず戦場の様相として、第2次世界大戦のような機甲部隊による重火力戦闘や、第1次世界大戦を思い起こさせる塹壕戦が指摘できる。あるいは、ロシアの「民間軍事会社」とも言われるワグネルが、一種の軍閥として、ロシアの正規軍の指揮系統に属さずに前線で戦闘していることも、「国家による軍事力の独占」がなされていなかった近代より前の戦争を思い起こさせる。ロシア兵が前線で大規模な略奪を行い、しかも略奪品を後方に輸送する組織化されたネットワークが存在していることもまた、現代における戦争とは思えない。

一方、「新しさ」は、宇宙やサイバー空間も関わってくる、最先端の技術が不可欠な形で前線での戦いが行われていることである。第1次世界大戦のような塹壕戦、第2次世界大戦のような重機甲戦闘といっても、ウクライナでの様相は当時とは大きく異なっている。

そうした「前時代的」な戦闘を行う上でも、ロシア軍とウクライナ軍の双方にとって、宇宙空間やサイバー空間の利用は不可欠になっているのである。

また、これはグローバリゼーションが進んだ世界で、大国同士が関わる初めての戦争でもある。もちろん9・11テロ事件後に起こったアフガニスタン戦争とイラク戦争の一方の当事者は米国であり、グローバリゼーションの時代に大国が戦争をしてこなかったわけではない。ただし、米国のこれらの戦争における相手は、イラクのフセイン政権に加え、アフガニスタンのタリバンやアルカイダのようなイスラム過激主義勢力であり、中国やロシアのような大国と戦っていたわけではない。

ところがロシア・ウクライナ戦争では、一方の当事者がロシアという大国であり、侵攻されたウクライナをやはり大国である米国や欧州諸国が支援する図式となっている。米欧はロシアとは直接は交戦していないが、その意味でこの戦争は「大国同士の戦争」としての性格を持っている。また、ウクライナ自体、国土の広さはイラク戦争が戦われたイラクの1・4倍、あるいは朝鮮戦争が戦われた朝鮮半島の3倍もある大きな国家であり、陸上戦力を見ても、開戦前の投入可能な戦車戦力は約850両に達する。これは、開戦前のロシアの約3000両には及ばないが、西欧のイギリス、ドイツ、フランスの3カ国の戦車を合計しても約８００両であることを考えれば、ウクライナ自体もかなりの軍事力を持つ国家であることが指摘できる[1]。

残念ながら、このような「大国同士の戦争」はこのロシア・ウクライナ戦争をもって最後になり、そのあとはしばらく起こらないとは考えることができない国際環境にある。

米国が２０１７年12月に発表した「国家安全保障戦略」で明らかにしたように、現在の世界は「大国間競争」の時代にある[2]。そして、日本が位置する東アジアの安全保障環境はその中でも最も厳しい。中国は爆発的な経済成長を背景に急速に軍事力の近代化を進め、地域レベルで見た軍事バランスは米国をも上回るようになっている[3]。北朝鮮は、１９９０年代以来核・ミサイル開発を進めてきており、既に日本を射程に収める核ミサイルを配備しているとみられる。その上、南シナ海、台湾海峡、東シナ海、朝鮮半島のような、武力紛争にエスカレートしかねない紛争要因を抱えている。にもかかわらず、ユーゴスラビア内戦やロシア・ウクライナ戦争が起こったヨーロッパと異なり、アジアにおいては冷戦終結後に武力紛争は一度も起きていない。

これは幸運なことであろうが、今後の先行きを楽観することはできない。「次の戦争」はアジアで起こるかもしれないのである。その意味で、現在ウクライナで戦われている戦争は他人事ではない。これをよく観察・分析して、次の戦争を防いでいくことが、われわれにとって極めて重要であることは論をまたない。本書では、ロシア・ウクライナ戦争が「なぜ始まった」のか、そしてそれは「どんな戦争」であるのか、さらに「どう終わるのか」を考察し、日本を巡る安全保障の課題へと議論を進めていくが、本章ではまず、「なぜ始まったのか」について掘り下げて検討しておきたい。

「なぜ」ロシア・ウクライナ戦争は始まったのか

(1) ロシア・ウクライナ戦争に至る過程における二つの「問い」

戦争は、いずれかの国が軍事力を行使することで始まり、膨大な破壊と殺傷をもたらし、ある時点で終わる。いかなる国家であっても、軍事力の行使には巨大なリソースの消費を伴うから、理由なく戦争が始まることはない。あらゆる戦争には何らかの目的があり、外交や通商によってはそれが達成できないと考えられたときに、軍事力が行使される可能性がある。本書は「ウクライナ戦争の終わり方」を考えようというものであるが、「終わり方」を考えるためには、「なぜ始まったのか」という問いをまず考える必要がある。

ところで、戦争は、なんの前兆もなく「ある日突然」始まることはない。戦争が始まる前には、何らかの形での深刻な国益の対立が必ず存在する。つまり、戦争の前には対立があり、それが悪化したときに戦争につながる可能性が生まれるのである。ただし言うまでもなく、すべての対立が戦争につながるわけではない。通常は関係国の間で外交的な解決が図られる。

もちろん、国家間の対立は簡単に解決できるものではない。それでも、外交や軍事的な抑止によって戦争を回避し続け、大本の対立的な政治的関係が改善するのを待つのが、国際政治における英知でもある。その典型的な例が冷戦であろう。冷戦は米ソの深刻なイデオロギー対立によるものであったが、米ソの核戦争寸前まで緊張したキューバ危機、ベトナム戦争、朝鮮戦争、ソ連のアフガニスタン侵攻のような地域紛争こそ起こったものの、核軍備管理やデタントのような外交努力によって対立を何とかマネージすることができ、最終的には１９８０年代末に冷戦を終結させることができた[4]。

もちろん、冷戦とその終結は歴史上の幸運な成功例でもある。すべての対立が平和裡《り》に解消するわけではないからである。お互いの国益に基づく政策目標の隔たりが大きく、「折り合いを付ける」ことが不可能な場合には、最終的に関係国の一方が軍事力行使を選択することがある。戦争を行うには巨大な資源を投じる必要があるから、その選択は容易なものではない。どれくらいの勝算があるか、あるいは戦争に代わる代案は本当にないのかといった、様々な要素が考慮された上で開戦の決定に至ることになる。

こうしてみると、「なぜ」ロシア・ウクライナ戦争が始まったのかという問いは、実際には二つの問いから構成されていることがわかる。第1が、「なぜ」ロシアとウクライナ、あるいはウクライナを支えている米欧とロシアとが対立したのかという問いであり、そして第2が、「なぜ」ロシアが開戦の決断をしたかである。

この、「なぜ」開戦の決断をしたかという問いには、「なぜ」2012年でも2002年でもなく、2022年に開戦の決断をしたのかという問いも含まれる。これらの問いの答えを探っていくことで、この戦争を「どのように」終わらせることができるかというイメージをつかんでいくことができるだろう。

(2) 冷戦終結後のヨーロッパにおける二つの選択

ここでは、ウクライナを巡るロシアと関係国との対立構造がどのように形成されてきたかを考えてみる。まずは冷戦の終結にまで30年ほどの時を遡って、簡単に時系列を確認してみよう。

冷戦期においては、米国とソ連がイデオロギー的に深刻に対立しており、特に両国ともに巨大な核戦力を配備していたことから、核戦争による人類滅亡が深刻に懸念された時代であった。しかしそれは、ソ連が敗北する形で終結する。ソ連の同盟国であった東欧諸国においては相次いで共産党政権が打倒された。ソ連もロシア共和国を含め、ウクライナ共和国、ベラルーシ共和国などの共和国に分裂する形で崩壊し、冷戦は対立構造の片方が完全消滅する形で終焉を迎える。

冷戦の勝者となった米欧にとっては、当時の重要な課題は旧ソ連および旧東欧諸国をどう扱っていくかということとなった。核軍備管理条約などを外交的に継承するなど、旧ソ連の継承国家となったロシアとの関係の再構築が、その中でも特に重要であった。

特に、経済混乱による核兵器や技術者の流出、また、過激なナショナリズムの台頭などが懸念された。そのため、この時期に米欧は、ソ連崩壊後の社会混乱への対策としての経済支援や、社会主義経済から市場経済へとロシア経済を移行させていくための様々な支援を行っている。さらに、１９９４年からは先進７カ国首脳会議（Ｇ７サミット）にロシアを含める形で開催するようになり、１９９８年からはサミットそのものを「Ｇ８」と呼称するようになった。

ここからわかるように、米欧は、冷戦終結後にロシアを改めて封じ込めて完全に無力化しようとするのではなく、「新たなパートナー」として迎え入れることを選択したといえる。ロシア側も、２００１年の９・11テロ事件に際しては、アフガニスタンを攻撃する米軍に協力し、輸送機などがロシアの領空を通過することを許可している。

この時期、米欧とロシアは同盟国ではないものの、一定の協力関係があったのは確かである。このことは米国の国防戦略に関する戦略文書をひもといても明らかになる。例えば米国国防省が発表した２００６年版の「４年ごとの国防戦略見直し（ＱＤＲ）」では、「戦略的岐路にある国家」として、中国、インドとともにロシアが位置づけられている。[5]「戦略的岐路」とは、今後対立関係に陥る可能性も含むという意味ではあるものの、協力関係の発展についても含みを残した位置づけであった。

さらに２０１４年３月４日に公表された２０１４年版ＱＤＲでは、「米国はヨーロッパの平和と繁栄を達成するために努力し続けるし、その目的を支援するためにロシアに建設的に関与し続ける」と記述されている。[6]これは第２期オバマ政権期に策定された戦略文書だが、この時点でもロシアとの協力が前提とされていたことが見てとれる。

しかし、このQDRが発表された文字通りの直後にクリミア併合が行われる。ロシアがクリミア併合条約に署名したのは実に2014年版QDRが公表されてわずか2週間後の3月18日である。このクリミア併合が、ロシアと米欧との関係を対立に導いていくこととなった。

米国のロシア観は一変し、米欧主導でロシアに対する制裁が行われ、ロシアは米欧との対立が深まるのに反比例する形で中国との連携を強めていく。そして2021年の秋からロシアはウクライナ周辺で大規模な軍事演習と称して大兵力を集中させ、軍事的圧力を背景とする瀬戸際外交を展開する。[7]この段階から、首脳外交を含め様々な外交的な事態打開の試みが行われるが、2022年の2月24日にロシアはウクライナ侵攻を開始する。

冷戦が終結し、核戦争による人類絶滅の恐怖が去り、1990年夏のイラクのクウェート侵攻に対しては国際連合を中心とする侵略阻止の枠組みが機能してイラクからクウェートを取り戻し、大国間の協調によって世界の問題が管理されることが期待されてから30年あまり経った時期における開戦であった。

事態をここに導いた分岐点はどこにあったのだろうか。

ロシアを秩序に組みこむことを目指した冷戦後の米欧の対露政策

繰り返すが、冷戦の終結によって、東欧諸国とソ連によって形成されていたソ連圏は崩壊した。この時、東側ブロックであった東欧諸国と旧ソ連諸国には二つの選択肢があった。一つが西欧との関係を深めて「ヨーロッパの一部」になることであり、もう一つが、西欧との距離を維持しながら東欧とロシアとで、「旧ソ連的な勢力圏」を形成することである。

このうち、東欧諸国は、冷戦終結の過程で共産党政権が革命的なプロセスで相次いで倒れたこともあり、「ヨーロッパの一部」となることを選択した。米欧も、１９９０年代のクリントン政権が「関与と拡大」政策を打ち出し、東欧に民主主義を広げていけばヨーロッパにおける対立を今後恒久的に取り去ることができるであろうとの考えから、東欧諸国をヨーロッパの秩序に組み込んでいく政策を進めていくことになる。[8] ＥＵやＮＡＴＯの拡大はそうした政策の一つの側面である。

重要な点は、こうした米欧の政策は、「ロシアの封じ込め」ではなく、将来的にはロシアを組み込んだ形での「協調的安全保障」の枠組みを構築していくことを目指していたことである。軍事同盟であるＮＡＴＯがロシアを加盟国に加える可能性は低かったが、「平和のためのパートナーシップ」（ＰｆＰ）というＮＡＴＯと旧東欧諸国や旧ソ連諸国との協議枠組みを作り、そこにロシアも加わっていること、また、冷戦期の信頼醸成の枠組みであり、ロシアが正式メンバーであったＣＳＣＥを制度化してＯＳＣＥに改組し、紛争管理の枠組みとしていくことを目指していたことなどがその表れである。こうした試みが成功し、ロシアをヨーロッパに組み込むことができていればロシア・ウクライナ戦争は勃発しなかったであろう。その意味で、結果から評価すると冷戦後の米欧の対露政策は失敗したと言わざるを得ない。

ただ、結果だけを見て失敗したと評価するだけでは生産的ではない。「なぜ失敗したのか」を考えなければならない。その点で一つの「あや」となったのが、エネルギー資源の開発を通じたロシア経済の安定である。冷戦終結直後は、市場経済へ経済全体を移行させなければならず、ロシアの経済や社会は大きく混乱した。しかし、米欧の投資もあってロシアの油田やガス田の開発が進むことで、ロシア経済は安定し、特に天然ガスをパイプラインで供給することで欧州諸国との関係が深まっていくことになる。[9]

このように、ロシア経済が安定していくのと軌を一にする形で、ロシアは政治面での独自性を強めていくことになる。そして、冷戦終結後「唯一の超大国」として米国主導型世界秩序を謳歌していた米国への反発とも相まってか、「多極化する世界」における一つの

「極」としての行動を志向するようになるのである。

例えば、２００６年、２００９年に相次いで行われた北朝鮮の核実験に対しても、中国と連携しながら国連での強い反応を抑えようとする動きをした。２０１０年頃には既にロシアは米国とは異なる「極」としての行動を取ることがパターン化しているが、ロシア専門家の兵頭慎治氏は、この当時のロシアを、独自の「極」としての行動を求める「自立した戦略プレーヤー」として位置づけている[10]。

もちろん、多極的な世界が同時に対決的な世界になる訳ではないし、異なる「極」同士であっても協力は可能である。しかし実際には、その後の米欧とロシアの関係は対立の度合いを深めていく。この点についてもう少し考察してみよう。

（３）ＮＡＴＯ拡大とロシア・ウクライナ戦争

ロシア・ウクライナ戦争に至る米欧とロシアとの対立を考える上で考慮しなければならないのが、ＮＡＴＯの東方拡大の影響である。特に、侵攻開始にあたりロシアは、ＮＡＴＯ東方拡大がロシアの安全を脅かしたことを強調しており、戦争開始後に何度か行われたプーチン大統領の演説でも、ウクライナ侵攻の背景として、ＮＡＴＯ東方拡大に見られる米欧のロシア敵視政策がロシアの安全を脅かしたことを強調している。また、ロシアだけでなく、米欧においても、構造的リアリズムを信奉する国際政治学者の一部は、ロシアのウクライナ侵攻はNATOの東方拡大に対する防衛的なレスポンスであると主張している。[11]

なお、構造的リアリズムでいうリアリズムとは、一般的な用語で言う「現実的なものの見方」という意味ではなく、国際政治学における特定の学派を指す。[12] リアリズム学派では、国際政治の基本的な力学を「アナーキー」と捉える。国際政治において最高の権威と最大の権力は国家が持っており、国家に対して強制力を行使できるような、国家の上位階層にある超国家組織は存在しない。すなわち、国際政治の基本的な行為主体を国家として捉えたとき、その国家を統御する権威や権力は存在しない。「アナーキー」には「無政府状態」といった意味があるが、国家の行動を統べる超国家組織がないという意味で、国際政治を「アナーキー」として捉えるのである。

例えば、ロシアがウクライナに侵攻した際、国連がこの侵略を食い止められないことを以て国連の限界を強調する議論があったが、国連は国家間の協力のための組織であり、国家の上位階層にある超国家組織ではない。このように、国家が一方的な行動を起こしたとき、それを食い止める国家以上の権威や権力がないことに着目するのがリアリズムの基本的な原則である。その上で、リアリズムは、国際政治における安定はパワーによって保たれるとする。

中でも、１９７０年代後半から形成されてきた構造的リアリズムでは、二つの国が巨大パワーを独占している二極世界とか、多くの国がパワーを分かちあっている多極世界と言ったように、パワー配分が世界の構造を決め、その構造による規定の中でそれぞれの国家の行動が決まっていくと考える[13]。これはシステム全体の構造が決まれば、システムを構成する個々の主体の行動もその構造に規定されると考える構造主義を国際政治学に応用したものである。

なお、構造的リアリズムの中でもいくつかのバリエーションがあり、代表的なものとして、国家は「パワーの最大化」を求めて行動すると考える攻撃的リアリズムと、「安全の最大化」を求めて行動すると考える防御的リアリズムがあるが、いずれも「アナーキー」であるという世界の特性と、「パワー配分」が構造を決め、その構造によってそれぞれの国家の行動が規定されると考える点では共通している[14]。

これまでの説明からわかるように、構造的リアリズムでは、世界を「パワー配分」という形で抽象化してしまう。端的に言えば、同じ構造に置かれれば、アメリカでもロシアでも同じ行動をすると考えることになる。しかし、現実の政策決定はそこまで単純ではない。ある特定の状況に直面した国家の行動は、実際には、国際政治におけるパワー配分だけではなく、国内政治であるとか意思決定者の心理状態などによっても左右される。

そのため、構造的リアリズムが重視するのは、個々の事象を説明することではなく、国際政治に共通するパターンを解き明かすこととされる。[15] むしろ、個別の意思決定について、「なぜその意思決定がなされたのか」を説明することは構造的リアリズムでは難しい。その典型が、「バランシング」と「バンドワゴン」の選択である。

「バランシング」と「バンドワゴン」

「バランシング」と「バンドワゴン」とは、構造的リアリズムにおいて、あるパワーが他のパワーに対抗する際のオプションとされるものである。「バランシング」とは、文字通り他のパワーと均衡させたり、あるいは優越したパワーを持つことで、そのパワーからの脅威を軽減しようとする行動である。具体的には、自国の軍拡や同盟国の獲得があるとされる。

一方、「バンドワゴン」とは、そのパワーに対抗するのではなく、「勝ち馬に乗る」ような形で協調してしまうことである。[16] そうすることで、そのパワーが自国に対する脅威にならないようにしてしまう。なお、国家を「パワーの最大化」を求める主体と考える攻撃的リアリズムでは「バンドワゴン」は安全を保証しないとして選択肢には含まれないとされるが、「安全の最大化」[17]を求める主体と考える防御的リアリズムに基づくならば、有効な政策選択肢となり得る。

しかし、ある特定の状況に置かれ、他のパワーへの対応を迫られた国家が「バランシング」を選択するか「バンドワゴン」を選択するかは「パワー配分」だけでは決まらない。そもそも構造的リアリズムは国際政治のパターンを解き明かすことが主眼であるから、構造的リアリズムの論理は、それぞれの国の個性を捨象してパワー配分のみに基づいて構築されている。そのため、「バランシング」と「バンドワゴン」の二つの選択肢があることは指摘できても、ある特定の状況下で、ある国がある時点でどちらかの選択を行った理由を説明するのは難しい。

ここまで、国際政治理論について簡単に説明してきたが、これをロシア・ウクライナ戦争に至る米欧とロシアの対立におけるＮＡＴＯ拡大の影響に当てはめてみよう。前述のとおり、冷戦終結後、米欧の重要な政策課題は、ロシアをどのようにヨーロッパの安全保障秩序に取り込んでいくかであった。この段階でロシアには二つの選択肢があった。米欧に対して「バンドワゴン」するか「バランシング」するかである。より具体的に言えば、前者が西欧との関係を深めて「ヨーロッパの一部」になることであり、後者が、西欧と切り離された「旧ソ連的な勢力圏」を形成することである。

なぜロシアは米欧への「バランシング」を選んだのか

ロシアだけでなく、冷戦期に東側であった東欧諸国とロシア以外の旧ソ連諸国もこの選択をしなければならなくなったが、東欧諸国は明確に「ヨーロッパの一部」になることを選択した。すなわち「バンドワゴン」である。もちろん、ロシアにも同じように米欧に「バンドワゴン」して「ヨーロッパの一部」になる選択肢があった。そうして、ロシアが米欧と協調的な関係を構築していれば、ＮＡＴＯ拡大はロシアの脅威にはならない。

ロシア軍の装備と西側装備との相互運用性を確保することが極めて困難であることや、巨大な陸軍力を持つロシア軍が米軍の指揮下に入ることが考えにくいことなど、東欧諸国と異なり、ロシアのＮＡＴＯ加盟は現実的に考えられるシナリオではなかったが、それでも前述の「平和のためのパートナーシップ」を中心とする協力関係を強化していくことで、米欧とロシアのお互いが脅威ではなくなる協調的安全保障的な関係を構築することは十分に可能であると考えられていた。実際、前述したとおり、クリミア併合の直前まで、米国はロシアとの協力を強化していこうと考えていたのである。

　しかし、ロシアはその道を選ばなかった。エネルギー資源の開発進展による経済の安定といった要素も働き、「旧ソ連的な勢力圏」を構築して米欧に「バランシング」していくことを選択したのである。ロシアが米欧に対する「バランシング」、すなわち対決なり競争なりを選択するならば、ＮＡＴＯ拡大は脅威となる。ロシアが米欧に対抗する「旧ソ連的な勢力圏」を構築しようとするならば、安全保障におけるパワーバランスから見れば、ＮＡＴＯの拡大は米欧による東欧の吸収に他ならない。だとすれば、米欧への対決を選択したロシアにとっては、対決すべき相手の外縁がロシアに接近することを意味する。

　ここで強調しておきたいのは、ＮＡＴＯ拡大が脅威になるか脅威にならないかはロシア自身の自己規定によって左右されることである。もしロシアが「ヨーロッパの一部」になることを選択したならば、ＮＡＴＯは協力すべきパートナーとなり、脅威にはならない。一方、ロシアが「ヨーロッパの一部」になることを拒絶して「旧ソ連的な勢力圏」の構築を目指すならば、ＮＡＴＯ拡大はロシアにとって脅威となる。

ＮＡＴＯ拡大は、安全保障上のパワーバランスを変動させる事象であることは間違いない。しかし、それがロシアにとって脅威になるかどうかを決めるのは、ロシア自身の、「自分が何者であるか」の定義、すなわちアイデンティティなのである。そしてロシアは、米国が協調路線を取っていたにもかかわらず、その手をはねのけて、「ヨーロッパの一部」となるのではなく、「旧ソ連的な勢力圏」の再構築を選択した。その背景にあるのが、独自の「極」を形成する大国である、とするアイデンティティである。

つまり、ＮＡＴＯ拡大そのものが、ロシア・ウクライナ戦争に至る道筋における対立の悪化の「原因」となったのではない。「原因」は独自の「極」であることを希求するロシアのアイデンティティであり、そのアイデンティティが故に、ロシアは米欧と対立することになり、ＮＡＴＯ拡大が脅威と見なされたのである。

しかし、東欧諸国が既に「ヨーロッパの一部」になることを選んだ以上、旧ソ連圏を単純に再建することはできないし、東欧諸国を除く旧ソ連諸国のみで勢力圏を構築してもそれは冷戦期のソ連圏の劣化コピーにしかならない。そこでもう一つの「あや」となったのが中国の台頭であったと考えられる。

１９８０年代末以来、中国は鄧小平が進めた「改革・開放」を契機に爆発的な経済成長に成功した。冷戦終結後のヨーロッパの安全保障の課題がロシアとの関係をどう安定させるかであったのと同じように、アジア太平洋地域においては中国との関係をどう安定させるかが重要な課題となった。特に２０００年代は、米国が「責任あるステークホルダー」という概念を提示し、中国を責任ある行動を取る大国に誘導していこうという政策が中心であった[18]。しかしながら、２０１０年前後に、南シナ海での一方的な埋め立てによる人工島の建設、２０１２年の尖閣諸島における日本との対立など、地域安全保障における中国の一方的・高圧的な行動が一因となって米中対立が深まっていく[19]。米国のオバマ政権における「アジア太平洋へのリバランス」を国防省が新たな戦略として打ち出したのが２０１２年１月である[20]。

　このように、米中関係が緊張していくのに反比例する形で、中露が接近していく。中国の台頭と米中関係の悪化は、米欧への対抗を図るロシアにしてみると非常に重要な「補助線」となったのである。

　東欧諸国が「ヨーロッパの一部」になることを選んだため、ロシアが冷戦期のソ連圏を再構築することはできなくなった。しかし、冷戦期に対立していた中国との連携を進めることで、冷戦期とは異なる形で「旧ソ連的な勢力圏」を構築していく見通しが開けた。２０

１４年のクリミア併合により米欧との関係が悪化していく中、ロシアは中国との関係を強化していく。日本周辺で中露の爆撃機の合同パトロールが初めて行われたのが２０１９年7月であり[21]、その後、太平洋方面でも中露の連携は深まっていく。２０２３年5月現在、ロシアの軍事作戦を中国が直接支援しているわけではないが、それでもロシアから見れば、中国との連携によって、米欧に対抗するパワーを確保できる見通しが付いたと考えられる。端的に言えば、ロシアは米欧に対する「バランシング」のために、台頭する中国に「バンドワゴン」することを選んだのである。

　このように、冷戦終結後、「ヨーロッパの一部」となるか、「旧ソ連的な勢力圏」を再構築するかという選択の中で、ロシアは、エネルギー資源の開発進展による経済の再建を受け、「旧ソ連的な勢力圏」を構築していく道を選んだ。この一連のプロセスの中で最も重要な要素は、パワーと言うよりも、「自分が何者であるか」という自己認識、すなわちアイデンティティであった。ロシア、あるいはプーチン大統領は、「ヨーロッパの一部」ではなく、「旧ソ連的な勢力圏」を持つ「極」としてのアイデンティティを形成し、そのアイデンティティをベースに中国に「バンドワゴン」しつつ米欧に「バランシング」することを選択したと考えられるのである。

（4）「ヨーロッパの一部」を選んだウクライナ

「ヨーロッパの一部」となるか「旧ソ連的な勢力圏」の一部となるかの選択を行わなければならなかったのは、東欧諸国やロシアだけではない。ロシア以外の旧ソ連諸国も同様であった。「旧ソ連的な勢力圏」を主導するのはロシアであるから、ロシア以外の旧ソ連諸国にとっては、それは「ヨーロッパの一部」になるか「ロシアの一部」になるかの選択であったといえる。このうちベラルーシは、ロシアの支援を受けながら民主化運動を弾圧する形でルカシェンコ政権が継続した。民主化運動は「ヨーロッパの一部」になることを望む動きであったから、ルカシェンコ政権は、ベラルーシが「ロシアの一部」になることを選択したと言える。

ウクライナにもまた、「ロシアの一部」になる選択肢は存在していた。事実、２０１０年に成立したヤヌコヴィッチ政権は明確に親ロシアの方向を持った政策を進めていた。しかし、そのヤヌコヴィッチが２０１４年にマイダン革命によって打倒され、引き続いてロシアがクリミアを併合し、ドンバス地方でも戦闘が開始され、ドネツク人民共和国、ルガンスク人民共和国と称する地方をウクライナから分離独立させたことで、大きく方向が変わっていく。
ヨーロッパ安全保障の専門家である鶴岡路人氏が指摘するように、親露派住民の多いクリミアを併合し、ドネツク人民共和国、ルガンスク人民共和国を切り離したことは、それらの親露派住民をウクライナの政策決定過程から切り離していくことと同義であった。[22]クリミア併合からの一連の動きによって、ロシアはウクライナの一部の分離には成功したものの、皮肉なことにウクライナが「ロシアの一部」を自発的に選んでいく可能性を減らすことにもなったのである。その意味で、クリミア併合はロシアの「自己失敗的な成功」であった。

その結果、ウクライナは「ヨーロッパの一部」を志向するようになり、「ロシアの一部」になることを求めるプーチン大統領とは根本的な路線対立が生じた。ロシアは、「極」として米欧に対抗するために、「旧ソ連的な勢力圏」の再構築を狙っていた。そしてそのためにウクライナは不可欠なピースであった。

一方、ウクライナは、国内における混乱を経て、「ロシアの一部」ではなく「ヨーロッパの一部」になることを望むようになった。端的に言えば、「自分は何者なのか」というアイデンティティのレベルで、ウクライナはロシアとは相容れない立場を取るようになったのである。この相違を解決する方法としてプーチン大統領が選択したのが軍事侵攻であった。こういう形で、ロシア・ウクライナ戦争の開戦が導かれていく。引き続き、「なぜ２０２２年２月に開戦したのか」という問いを考えていく。

（5）ロシアを抑止できなかったアメリカ——2正面のジレンマ

この戦争はロシアとウクライナとの間で戦われているが、前にも述べたとおり、よりマクロな視点からは米欧とロシアとの戦略的な相互作用の中で、ロシアが「旧ソ連的な勢力圏」の再構築を追求したために対立が発生・悪化していったことが背景にある。

対立が悪化したときに戦争を防ぐために重要なのは抑止力である。その点で重要な位置にあるのは米国であった。もちろんウクライナはＮＡＴＯに加盟しておらず、米国はウクライナ防衛のための条約上の義務を負っているわけではない。しかし同時に、米国はいまでも世界最強の軍事力を有する国家であり、ロシアのウクライナ侵攻を抑止し得た唯一のプレイヤーでもあった。しかしながら、グローバルに安全保障を考えなければならない米国にとって、ヨーロッパの重要性は相対化していた。なぜなら、現在の米国にとって最優先の戦略上の課題は中国であり、ロシアの重要性は二義的なものだったのである。

米国のバイデン政権が発足したのは２０２１年1月だが、政権発足後直ちに、対中戦略を見据えた外交活動を活発に展開した。まず3月12日、日米豪印首脳会談（いわゆる「クワッド」首脳会談）をリモートで行い、3月16日には東京で外務・防衛閣僚による日米2＋2、そのままソウルに移動して3月18日には米韓2＋2を開催した。さらに3月18日には帰路のアラスカで米中外相会談を行っている。

このように、バイデン政権では政権の立ち上がりにアジア戦略のための外交キャンペーンが展開され、引き続いて4月16日（米国時間）には、菅義偉首相と日米首脳会談を行っていた。これは、コロナ禍で国際的な往来が厳しく制限されていた当時、バイデン大統領にとっては初めてとなる対面での首脳会談であった。この日米首脳会談は、菅首相とバイデン大統領との間の初めての会談であったが、単に会って話しただけではなく、共同声明とそれに付随する二つの添付文書に合意した[23]。

これらの文書は、バイデン政権が就任式からわずか3カ月しか経っていないとは思えないほど、それぞれ具体的で実質的な内容を含む文書であり、長さも合計で10ページに達する。参考までに言えば、トランプ大統領が就任して初めて行われた安倍晋三首相との日米首脳会談の際の共同声明は2ページであり、オバマ大統領が就任して初めて行われた麻生太郎首相との日米首脳会談の際には共同声明がなかった。それらと比べれば、バイデン政権が発足前から周到にアジア戦略を準備していたことは明らかであろう[24]。

特筆すべきは、特に日米関係の文脈では、明確に台湾海峡を巡る問題が意識されていることである。3月16日の日米2＋2の際に発表された共同文書では、「台湾海峡の平和と安定の重要性を強調した」との記述が盛り込まれ、4月16日の首脳会談後の共同声明では、「台湾海峡の平和と安定の重要性を強調するとともに、両岸問題の平和的解決を促す」との文言があった[25]。なお、日米首脳会談の約1カ月後の5月21日には文在寅大統領との間で米韓首脳会談も行っており、3月18日の米韓2＋2と併せ、朝鮮半島の安全保障への強いコミットメントも示している。

一方、対露戦略、あるいはヨーロッパ政策は後回しにされた。バイデン大統領がヨーロッパを訪問するのは上記のアジア外交が一段落付いたあとであり、プーチン大統領とはじめて会談したのは6月16日であった[26]。こうした一連の流れから、バイデン政権において史上初めて、ロシア戦略が対中戦略の従属変数となったことがわかる。この段階での米国の対露戦略は、ロシアを抑え込もうとするものではなく、むしろ対中戦略の観点から、中露の離間を可能な限り追求しようとするものであった可能性が高い。そのため、当時の米国にとって、ウクライナ問題は優先順位の高いものではなかった。

そうしたことから、政権発足当初、米国はウクライナ問題と関連して、ロシアに対して強いシグナルを送らなかった。２０２１年９月にはバイデン大統領はウクライナのゼレンスキー大統領と会談しているが、そのときでも、ウクライナの安全保障に対する強いコミットメントを必ずしも表明したわけではなかった[27]。

ここでも、中国の台頭が「あや」になったといえる。中国のパワーの増大は、ロシアに中国に「バンドワゴン」するという選択肢を与えたことに加え、米国に中国を対象とした「バランシング」戦略を促すことで、対ロシア戦略を対中国戦略に従属させる構造を作り出したのである。こうした戦略上の優先順位に加え、アフガニスタン、イラクで長く続いた戦争の影響で、米国民が海外への軍事介入に消極的であったことも、米国のウクライナ政策で取り得る選択肢を限定した。

ロシアが侵攻の準備をしているとしても、理論的には、米国が１個旅団戦闘団程度でも地上軍を緊急展開させればロシアを抑止できる可能性は高かった。地上軍の派遣まで至らなくても、米軍機を派遣するようなオプションもあり得た。実際、ブッシュ政権末期の２００８年に起こったロシアのジョージア侵攻に際し、米国は軍の輸送機をジョージアに派遣することでロシアにシグナルを送り、軍事作戦の停止を促している[28]。

しかし、軍事的なシグナルはリスクも高い。バイデン政権はそれに伴うリスクを回避する選択をしたように思われる。結果的に、ロシアが兵力をウクライナ周辺に展開し、危機が顕在化した２０２１年冬の段階でも、米国は、ロシアの軍事力展開に関するインテリジェンスを積極的に公開し、ロシアに隠密作戦は不可能であるとのシグナルを送るとともに、軍事介入ではなく、経済制裁の可能性を示唆することでロシアの抑止を図った。しかし、それは、「旧ソ連的な勢力圏」を再構築するために強い意志を持って戦争準備をしているロシアを抑止するには不十分であった。

ロシアに対する米国の抑止をめぐる問題については、第2章で詳しく論じているが、ウクライナが米国の条約上の同盟国ではない以上、そもそも米国の抑止力の対象ではなかったという立論もありえる。しかし、プーチン大統領の決断を変え、侵攻を思い止まらせることのできる国は米国しかない。その意味で危機管理には失敗したのである。

ただし、米国の大戦略は中国を抑止することである。仮にロシア・ウクライナ戦争の抑止に失敗したとしても、現在行っている大規模な軍事支援によってウクライナ防衛に成功し、さらに台湾海峡での中国の抑止に成功すれば、全体としてはむしろバイデン政権のグローバルな戦略は成功したと評価できることになる。その意味で、バイデン政権の戦略と判断が成功したのか、失敗したのかは現時点ではまだ判断できない。

（6）ロシアの決断――インテリジェンスの失敗？

ここまで、ロシア・ウクライナ戦争に至る対立の形成から開戦までの過程を分析してきた。冷戦終結後、世界が平和になるという「ユーフォリア」が広がったが、その期待は30年を経て崩れ去った。結局、ロシアを「ヨーロッパの一部」に取り込んで協調的安全保障の枠組みを作っていこうとする試みは、ロシアのエネルギー開発の成功といった「あや」もあって失敗し、中国の台頭というもう一つの「あや」とも相まって、「旧ソ連的な勢力圏」を構築しようとするロシアと米欧の対立がウクライナにおいて深刻化した。この対立を管理できる可能性が最も高かったプレイヤーは米国であろうが、米国も様々な要因ですべてのリソースをウクライナ問題に投じることができなかった。

ここまでで、ロシア・ウクライナ戦争は「なぜ」始まったのかという問いについて半分以上の答えにはなっている。しかしそれでも、「なぜ2022年に始まったのか」については十分な答えになっていない。そこを見ていくためにはロシア自身の政策決定についても考えていかなければならない。もちろん、プーチン大統領がどのような考えをもって開戦を決断したのか、現段階では実証的な根拠に基づく仮説を提示することはできない。ここでは状況証拠をもとに議論を進めていくにとどまることはあらかじめ述べておく。

プーチンはなぜ開戦を決断したのか

ここまで述べてきたように、ロシア・ウクライナ戦争は、２０２２年２月24日に突然始まったわけではない。対立は、10年単位の時間軸で少しずつ、だが確実に悪化してきたことがわかる。ここでは、より短い時間軸で、２０２１年の秋から冬にかけてロシアが大規模な地上戦力をウクライナ周辺に展開させ、ウクライナ情勢が「危機」として認識された時期からの展開を見てみよう。

よく指摘されるように、２０１４年のクリミア併合以降、ウクライナ東部のドンバス地方では断続的に戦闘が続いてきた。２０２１年以降のロシアの地上軍展開は、ドンバス地方をめぐる問題をロシアに好ましい形で帰結させるための「瀬戸際外交」とも解釈することができた。実際、米国のインテリジェンスの公開もあり、ロシアとしても隠密作戦を実行できない状況で、フランスやドイツを含めて外交的解決が追求され、ロシアとしても一定の成果を獲得することができていた。

旧ソ連地域の専門家である廣瀬陽子氏は、ウクライナ危機の過程で、ロシアは既に「四つの外交的勝利」を得た（ロシアが世界の中心を成す国家の一つである状況を作り上げたこと、ウクライナのＮＡＴＯ加盟問題について米欧がロシアに歩み寄ったこと、米欧にロシアのレッドラインと影響圏を明確に意識させることができたこと、ウクライナ政治を混乱させられたこと）と指摘している。[29] 筆者自身も、ロシアの軍事力行使はあり得ると考えていたが、それは「瀬戸際外交」の圧力を高めるための懲罰的な空爆にとどまるもので、本格的な地上侵攻には至らないと考えていた。[30]

しかし、プーチン大統領から見れば、そうした外交的成果では不十分だったのであろう。これらは、あくまでウクライナが「ロシアの一部」にならないことを前提とした外交的解決でしかない。プーチン大統領が「旧ソ連的な勢力圏」の再構築を求めており、そのためにはウクライナを「ロシアの一部」とすることが必要だと考えていたとすると、開戦前の外交は、「瀬戸際外交を通じた成果」を求めたものではなく、「軍事作戦の前のアリバイ」であった可能性さえある。逆に言えば、２０２２年の２月までの段階で一定の外交的成果を得られていたにもかかわらず開戦を決断したことから、前述の「旧ソ連的な勢力圏」の再構築を目指すことがプーチン大統領の戦略であったという仮説が強化されるということでもある。

ただし、戦略とは「願望」と「能力」をバランスさせなければならない[31]。十分な「能力」なくして「願望」を追求するのは戦略ではなく妄想である。そのため、プーチン大統領がウクライナを併合して「旧ソ連的な勢力圏」を再構築するためにこの戦争を始めたと考えるのは十分ではない。それはあくまで「願望」でしかなく、「能力」についての検討も必要となる。この点から指摘しておくべき可能性が「インテリジェンスの政治化」である。

「インテリジェンスの政治化」

国家が政策を進めていく上で重要なのは、正しい情報に基づいて意思決定を行うことである。その点から、情報部門を機能させる上では「インテリジェンス・サイクル」が重要であるとされる[32]。まず政策部門から、意思決定のために必要な情報が要求される。情報部門は、この政策部門からの情報要求に基づき、必要な情報を収集し、分析し、政策部門の意思決定の助けとなるようなプロダクトを作成して報告する。政策部門は、このプロダクトに基づき意思決定を行ったり、必要があればまた関連する情報要求を行う。この一連のプロセスが「インテリジェンス・サイクル」である。なお、「インフォメーション」と「インテリジェンス」は違うとよく言われる。「インフォメーション」とは、文字通りナマの情報でしかない。政策部門からの情報要求に基づいて収集・分析・加工された情報のことを、「インテリジェンス」と呼ぶのである。

ただし、この「インテリジェンス・サイクル」を効果的に機能させることは実際には難しい。政策部門は多忙であり、的確な情報要求そのものを考え出す時間がないこともよくある。そうなると、本来は情報部門の評価に基づくインテリジェンスを元に意思決定をしなければならないにもかかわらず、政策決定者個人の知識や直感に基づいて意思決定を行うことが頻発する。逆に情報部門も、政策部門からの要求に応えない形のプロダクトを作り出すことも少なくない[33]。

これは単なるインテリジェンス・サイクルの機能不全だが、より深刻な問題が「インテリジェンスの政治化」である[34]。本来、インテリジェンス・サイクルは、政策部門の情報要求に対して一切の「忖度」なしに客観的に情報の収集・分析・加工を行うことを前提としている。一方、「インテリジェンスの政治化」とは、政策部門が既に政策の方向性を決めている場合に、情報部門がその方向性に沿う形の情報を選別してプロダクト化してしまうことを指す。そういう形で収集・分析・加工されたインテリジェンスは、もはや客観的ではない。既に決められた政策の方向性を正当化するための材料となってしまう。

　現代戦史における「インテリジェンスの政治化」の典型的な例がイラク戦争開戦前の米国の情報活動である。時のブッシュ政権は、イラクのフセイン政権の大量破壊兵器開発疑惑を理由に、イラク戦争を開始しようとしていた。そして情報部門は、政策部門の方向性を正当化するように、イラクが大量破壊兵器を開発している「根拠」とされるインテリジェンスを政策部門に報告した[35]。しかし、イラク全土を占領した後でも、フセイン政権が大量破壊兵器を開発していたという証拠は見つからなかった。その後、実際には湾岸戦争後にイラクは大量破壊兵器開発を停止していたことが明らかになるのである。

　ロシア・ウクライナ戦争においても、同様の「インテリジェンスの政治化」が発生していた可能性がある。ロシアの情報部門は、ウクライナに内通者が浸透していることもあり、ロシア軍が侵攻すればウクライナは短期間で崩壊するという報告を上げていた気配がある。実際、２０２２年４月には、正しい情報を上げていなかったという理由でロシアの情報部門のウクライナ担当セクションの人員が更迭されていたとの報道がある[36]。

　だとすれば、プーチン大統領は、現実のように「ウクライナが徹底抗戦し、１年経っても勝利の見込みがない」と考えていたのではなく、「ロシア軍が侵攻すればウクライナは短期間で自壊し、２０１４年のクリミア併合に近い形での電撃的な勝利が可能」と考えていたのではないか。事実、秘密工作の成果もあり、南部のメリトポリとヘルソンは、それほど大きな戦闘もなく、開戦後迅速に攻略に成功している[37]。彼は、同じような状況がウクライナ全土で発生すると考えていたのではないか。もちろん現実はそうはならなかったが、もし戦況の実際の展開を正確に予測できていれば、２０２２年２月に開戦の決断を下すことはなかったであろう。

　開戦後、プーチン大統領の決断を「非合理的」だとする評価がよく見られたが、「インテリジェンスの政治化」が起こっていたとすれば評価は変わってくる。そもそも「旧ソ連的な勢力圏」の構築のためにウクライナを「ロシアの一部」とすることを目指す「願望」を持っていた場合、軍事侵攻によってウクライナを容易に制圧できるとのインテリジェンスが報告されていたとするならば、「願望」と「能力」は十分にバランスが取れている。むしろ、実現可能な「願望」を武力侵攻によって追求しないという判断の方が非合理的と言えよう。状況証拠から見る限り、プーチン大統領を取り巻く認知環境においては、「軍事侵攻」こそが「合理的」な決定であった可能性さえある。

なぜ2022年2月だったのか

最後にもう一つ、「なぜ2022年2月に戦争が始まったのか」という問いに対する仮説を挙げておく。それは、大規模な兵力の展開は長期間は続けられないということである。2022年2月の段階でロシアが展開させた兵力は20万近くといわれるが、これはイラク戦争の開戦時に米軍が投入した兵力を上回る。まずそれだけの兵力を物理的に展開させることも容易ではないし、さらにそれだけの兵力に対する補給を長期間維持するには膨大なコストを要する。

それらのコストを減らすために部隊を撤収させてしまうと、それらの要員の休養や訓練が必要になるから、再び20万近くの兵力を展開させるまでには数カ月、あるいは下手をすると1年程度の時間を要する可能性がある。米国が軍事的圧力をかける場合には空母を展開させる。空母の場合は、艦ごと海上を移動すればいいから展開も撤収も容易である。しかしロシアが展開させた地上軍はそうはいかない。展開させるにも撤収させるにも膨大な手間とコストがかかる。

そう考えると、ロシアが地上侵攻を実行するためには、あらかじめタイムリミットが設定されていたと考えるのが自然であろう。２０２１年秋から兵力の展開が始まっていたことを考えると、その時期こそがまさに２０２２年の２月であった可能性がある。

おわりに

ロシア・ウクライナ戦争が「なぜ」始まったのか、そしてそれが「なぜ」２０２２年だったのかについて、ここまでの考察をまとめておこう。

米国とソ連の対決であった冷戦が１９８０年代末に終わったあとで、米欧は旧ソ連圏を「ヨーロッパの一部」として組み込んでいく政策を追求した。実際、旧東欧諸国は、「ヨーロッパの一部」となることを選択した。しかし、エネルギー開発の成功が「あや」となって、ロシアは「ヨーロッパの一部」ではなく、「旧ソ連的な勢力圏」を再構築することを追求した。つまり、「自分が何者であるか」という点においてロシアは米欧とは本質的に折り合うことができない中で、対立が生まれ、深刻化していったことになる。

加えて、中国の台頭がもうひとつの「あや」となって、ロシアは中国にバンドワゴンする形で米欧との対立を深めていく。ロシアにとって「旧ソ連的な勢力圏」を再構築するためには、少なくともウクライナを「ロシアの一部」に組み込んでいくことが必要であり、ウクライナに対して軍事的圧力を強めていった。

一方でそれを抑止できた可能性のある唯一のプレイヤーの米国にとって、主要な課題は中国の抑止であり、対ロシア戦略は対中国戦略に従属するものでしかなく、軍事的な抑止のための決定的な行動をとらなかった。そして決め手となったのが、「インテリジェンスの政治化」であった。その結果、ロシアは容易にウクライナを制圧できると考え、また陸上兵力の展開期間の限界といった問題もあり、2月24日の開戦の決断に至ったのだと考えられる。

戦争とは膨大なリソースを消費する事象であり、単純な要因で起こることはない。少なくとも、これまで述べてきたいくつかの理由が複合する形で、ロシア・ウクライナ戦争は始まったのであろう。そしてその根源は、「自分は何者なのか」という問いについてのプーチン大統領なりの答え、つまりロシアは「旧ソ連的な勢力圏」を形成するべきプレイヤーであるとのプーチン大統領のアイデンティティと考えられる。

一方、ウクライナはそれを拒否し、東欧諸国と同様に「ヨーロッパの一部」となることを選んだ。その帰結がこの戦争であると考えられる。しかし、「自分が何者なのか」というアイデンティティを巡る戦争だとすると、この戦争を終わらせることは非常に難しいと言わざるを得ない。なぜならば、アイデンティティにおいて「折り合い」をつけることは基本的に不可能だからである。「ウクライナ戦争の終わり方」を考える作業はこの難しい問いへの答えを探していく作業でもある。

註

（1） International Institute for Strategic Studies, *The Military Balance 2022: The Annual Assessment of Global Military Capabilities and Defence Economics*, (Routledge, 2022), p.105, 109, 160, 194, 212.

（2） The White House, "National Security Strategy of the United States of America," (December 2017), https://trumpwhitehouse.archives.gov/wp-content/uploads/2017/12/NSS-Final-12-18-2017-0905.pdf.

（3） 高橋杉雄『現代戦略論——大国間競争時代の安全保障』（並木書房、２０２３年）１３４－１３５、１４０－１４２頁。

（4） John Lewis Gaddis, *The Long Peace: Inquiries Into the History of the Cold War*, (Oxford University Press, 1987).

（5） U.S. Department of Defense, "Quadrennial Defense Review Report," (February 6, 2006), pp.27–32, https://www.comw.org/qdr/qdr2006.pdf.

（6） U.S. Department of Defense, "Quadrennial Defense Review 2014," (March 4, 2014), p.35, https://www.acq.osd.mil/ncbdp/docs/2014_Quadrennial_Defense_Review.pdf.

（７）この経緯については、小泉悠『ウクライナ戦争』（筑摩書房、２０２２年）を参照。

（８）The White House, “A National Security Strategy of Engagement and Enlargement,” (July 1994), https://history.defense.gov/Portals/70/Documents/nss/nss1994.pdf.

（９）防衛省防衛研究所編『東アジア戦略概観２００７』（防衛省防衛研究所、２００７年）１７６－１９０頁、防衛省防衛研究所編『東アジア戦略概観２００８』（防衛省防衛研究所、２００８年）１３６－１４３頁。

（10）防衛省防衛研究所編『東アジア戦略概観２００９』（防衛省防衛研究所、２００９年）１６６－１９４頁。

（11）John J. Mearsheimer, “Why the Ukraine Crisis Is the West’s Fault: The Liberal Delusions that Provoked Putin,” *Foreign Affairs*, Vol. 93, No. 5, (September/October, 2014); Stephen M. Walt, “Does Anyone Still Understand the ‘Security Dilemma’?” *Foreign Policy*, (July 26, 2022), https://foreignpolicy.com/2022/07/26/misperception-security-dilemma-ir-theory-russia-ukraine/.

（12）リアリズムに関する重要文献は、下記の書籍にまとめられている。Michael E. Brown, Sean M. Lynn-Jones, and Steven E. Miller, *The Perils of Anarchy: Contemporary Realism and International Security*, (The MIT Press, 1995). 日本語でまとめられているものとしては、村田晃嗣、君塚直隆、石川卓、栗栖薫子、秋山信将『国際政治学をつかむ　第3版』（有斐閣、２０２３年）79－91頁がわかりやすい。

（13）Kenneth N. Waltz, *Theory of International Politics* (McGraw-Hill, 1979).

(14) 攻撃的リアリズムの代表的な論考として、John J. Mearsheimer, *The Tragedy of Great Power Politics* (W.W. Norton, 2001)、防御的リアリズムの代表的な論考として、Stephen M. Walt, *The Origins of Alliances*, (Cornell University Press, 1987) がある。
(15) Mearsheimer, *The Tragedy of Great Power Politics*, p.11.
(16) Walt, *The Origins of Alliance*, pp.17–21.
(17) Mearsheimer, *The Tragedy of Great Power Politics*, p.139.
(18) Robert B. Zoellick, "Whither China: From Membership to Responsibility?," Remarks to National Committee on U.S.-China Relations (September 21, 2005), https://2001-2009.state.gov/s/d/former/zoellick/rem/53682.htm.
(19) 高橋『現代戦略論』82–90頁。
(20) U.S. Department of Defense, "Sustaining U.S. Global Leadership: Priorities for 21st Century Defense," (January 2012), https://www.globalsecurity.org/military/library/policy/dod/defense_guidance-201201.pdf.
(21) 統合幕僚監部「中国機及びロシア機の東シナ海及び日本海における飛行について」(２０１９年７月23日)、https://www.mod.go.jp/js/pdf/2019/p20190723_01.pdf.
(22) 鶴岡路人『欧州戦争としてのウクライナ侵攻』(新潮社、２０２３年)。
(23) 外務省「日米首脳会談」(２０２１年４月16日)、https://www.mofa.go.jp/mofaj/na/na1/us/page1_000951.html.
(24) 高橋杉雄「台湾海峡を巡る危機感の高まりと日米首脳会談」『ＮＩＤＳコメンタリー』第１６４号

（2021年4月22日）、http://www.nids.mod.go.jp/publication/commentary/pdf/commentary164.pdf.

（25）　U.S.-Japan Joint Leaders' Statement, "U.S.-Japan Global Partnership for a New Era,"（April 16, 2021), https://www.mofa.go.jp/mofaj/files/100177718.pdf.

（26）　バイデン大統領の初めての欧州訪問については、The White House, "Press Briefing by Press Secretary Jen Psaki and National Security Advisor Jake Sullivan,"（June 7, 2021), https://www.whitehouse.gov/briefing-room/press-briefings/2021/06/07/press-briefing-by-press-secretary-jen-psaki-and-national-security-advisor-jake-sullivan-june-7-2021/を参照。プーチン大統領との会談では、戦略核軍備管理に関する共同声明が発出されている。The White House, "U.S.-Russia Presidential Joint Statement on Strategic Stability,"（June 16, 2021), https://www.whitehouse.gov/briefing-room/statements-releases/2021/06/16/u-s-russia-presidential-joint-statement-on-strategic-stability/.

（27）　The White House, "Remarks by President Biden and President Zelenskyy of Ukraine Before Bilateral Meeting,"（September 1, 2021), https://www.whitehouse.gov/briefing-room/speeches-remarks/2021/09/01/remarks-by-president-biden-and-president-zelenskyy-of-ukraine-before-bilateral-meeting/.

（28）　Condoleezza Rice, *No Higher Honor: A Memoir of My Years in Washington*（Broadway Books, 2011), p.689.

（29）　廣瀬陽子「プーチンはなぜ予想外の戦争を始めたか」サントリー文化財団編『アステイオン

097』（2022年11月）31–33頁。

（30）牧野愛博「日本は『ウクライナ危機』をどう見るべきか、岸田政権が今議論すべき問題の『中身』」（2022年2月23日）、https://gendai.media/articles/-/92719.

（31）John Lewis Gaddis, *On Grand Strategy*, Kindle edition,（Penguin Books, 2019）, p.20.

（32）Richard K. Betts, *Enemies of Intelligence: Knowledge and Power in American National Security,*（Columbia University Press, 2007）, p.15.

（33）Ibid., p.16.

（34）Ibid., pp.66–67, 138–139.

（35）この経緯については、ボブ・ウッドワード（伏見威蕃訳）『攻撃計画：ブッシュのイラク戦争』（日本経済新聞出版、2004年）が詳しい。

（36）Tom Ball, “Putin ‘purges’ 150 FSB agents in response to Russia’s botched war with Ukraine,” *The Times*,（April 11, 2022）, https://www.thetimes.co.uk/article/putin-purges-150-fsb-agents-in-response-to-russias-botched-war-with-ukraine-lf9k6tn6g.

（37）Jack Watling, Oleksandr V Danylyuk, and Nick Reynolds, “Preliminary Lessons from Russia’s Unconventional Operations During the Russo-Ukrainian War, February 2022–February 2023,” *Special Resources*,（March 29, 2023）, https://rusi.org/explore-our-research/publications/special-resources/preliminary-lessons-russias-unconventional-operations-during-russo-ukrainian-war-february-2022.

第2章
ロシア・ウクライナ戦争
――その抑止破綻から
台湾海峡有事に何を学べるのか

福田潤一

ウクライナ戦争を「終わらせる」ためには、まずそれがなぜ始まったのか、を考慮する必要がある。戦争の生起、すなわち抑止の破綻には特有の要素が存在しており、そうした要素を考慮することなく戦争を「終わらせる」ことは困難だからである。

本章では、ウクライナ戦争（２０２２年2月24日以降のロシアによるウクライナへの本格的侵攻）を抑止の破綻事例と捉え、その破綻から何を学べるのかを考えてみたい。具体的には、なぜ抑止が破綻したのかについて、八つの知見を提示する。これらの知見のいずれから見ても、ウクライナ戦争は抑止することが困難な事例であったと指摘できる。そして、これらの知見で取り上げる要素が根本的に変化しない限り、ウクライナ戦争を「終わらせる」こともまた困難なことを示したい。

ウクライナ戦争の「終わらせ方」を巡る議論、そしてなぜそれを抑止できなかったのかという議論は、インド太平洋地域の情勢とも無関係ではない。２０２７年までに生起すると言われる台湾海峡有事の可能性を考えれば、ウクライナ戦争の事例から「抑止はどのような状況で破綻するのか」を学んでおくことには意味がある。残念ながら本章で取り上げる八つの知見を台湾海峡有事の事例に適用してみると、台湾海峡においても今後、抑止が破綻する可能性は現実的に高いと言わざるを得ない。未来は確定してはいないが、その蓋然性の高さを念頭に置いて、現在の抑止の取り組みを強化する必要がある。

本章では、まず「抑止とは何か」を簡潔に整理した上で、ウクライナ戦争の抑止破綻から得られる八つの知見について紹介する。そしてそれぞれの観点からウクライナ戦争をなぜ防げなかったのかを分析し、この事例が極めて抑止困難な事例であったと結論する。そして、こうした分析が台湾海峡有事にどのような含意を持つのか言及する。

本題に入る前に、二つ留意点を挙げておきたい。まず、一言に「ウクライナ戦争」と言っても、実際にはウクライナに対するロシアの侵略行為は２０１４年２月以降、10年間も続いているという事である。昨年来の展開はあくまで長く続く「戦争」の一局面に過ぎない。その意味では、２０２２年２月24日以降の展開を「抑止破綻」と捉えるのは厳密には不正確である。本来は（戦争継続中の）「エスカレーション管理の破綻」と言うべきかもしれない。本章の議論の対象は時間的に限定されていることに留意されたい。

もう一つは、本章の記述は、あくまで２０２３年５月時点までの公開情報を前提としている事である。外交史には同時代的に明らかにされない要素がつきものである。ウクライナ戦争の真の描写も究極的には歴史学に依拠して行われるべきだろう。とりわけ、ロシアの意思決定には謎めいた面が残る。本章の議論は、将来的な修正余地のある暫定的なものと留意頂ければ幸いである。

1．「抑止」とは何か

まず「抑止」とは何かを整理する。抑止（deterrence）の最も本質的な定義の一つは、「相手が取る可能性のある行動のコストやリスクが、その利益を上回るように相手を説得すること」というものである。[1] すなわち、抑止とは相手が特定の行動を取ろうとする際に、そうした行動を起こせば利益以上のコストやリスクが発生することを相手に説得的な形で示すことにより、その行動を取らせない試みを指している。

抑止の成否を左右する特に重要な三つの要素を挙げると、「合理性」「能力＝抑止力」「信頼性の高い（意図や能力の）伝達」である。すなわち、抑止の成否には（相手側の）合理性が鍵となる。如何なる犠牲を払っても行動を取ることを躊躇《ためら》わない非合理な相手は抑止できない。「能力＝抑止力」も重要である。「ハッタリ（bluff）」によって抑止を成功させることは理論的には排除されないが、しかし一般的に抑止力を欠けば抑止破綻の可能性が高くなる。そして決定的に重要なのは「信頼性の高い（意図や能力の）伝達」である。

抑止とは相手の説得である以上、相手側の認識を操作するに十分な、説得力のある意図や能力の伝達がなされなければ成功の見込みはない。

この観点から見る場合、2022年2月24日以降のロシアによるウクライナへの本格的侵攻の発生は、米欧諸国及びウクライナ等の現状維持勢力にとって、明らかな「抑止の破綻」であった。なぜならばロシアはそれ以前からウクライナ国境に軍勢を集結させる等して侵攻の兆候を見せていたからであり、これに対して米欧諸国もロシアへの伝達を通じて抑止を試みていたからである。しかしこうした試みは成功せず、ロシアは本格的侵攻に着手した。

なぜなのか。どうして抑止は機能しなかったのか。それは一言で言えば、米欧諸国及びウクライナ等の現状維持勢力の側に、現状変革を決意したロシアを抑止するだけの十分な「能力＝抑止力」が欠けており、更に「信頼性の高い（意図や能力の）伝達」にも失敗したからである。それは具体的にはどういうことなのか。本章ではウクライナ戦争の抑止破綻から次の八つの知見を導き、抑止が極めて困難な事例であったことを指摘する。

①　ロシアによるウクライナ侵攻は「力に基づく一方的な現状変革」であった。

②　ロシアの政治体制（競争的権威主義）がプーチンの個人意思をロシアの国家意思として体現した。

③侵攻前にロシアは全般的な国際関係が現状変革に有利と認識していた。
④侵攻前に核を含む戦略兵器のバランスも現状変革に有利と認識されていた。
⑤侵攻前に現地の軍事バランスもロシアに有利と認識されていた。
⑥現状維持側の「探知による抑止」は有効でなかった。
⑦経済制裁の脅しによる「領域横断的抑止」は有効でなかった。
⑧「戦争の終わらせ方」を巡っても現状維持側に混乱がある。

2．ウクライナ戦争の抑止破綻から導かれる八つの知見

①ロシアによるウクライナ侵攻は「力に基づく一方的な現状変革」であった。

ウクライナ戦争の抑止破綻から導かれる最初の知見は、ロシアによるウクライナ侵攻が「力に基づく一方的な現状変革」であった、という事である。これは自明に見えるが、抑止を巡る議論の端緒として重要である。なぜならばこれによってロシアこそが現状変革の主体であり抑止されるべきであった側、ウクライナ及び米欧諸国が現状維持の主体として抑止を試みた側、という構図が明確になるからである。ウクライナ戦争はロシアの、とりわけプーチン大統領の思惑によって意図的に引き起こされた侵略戦争である。

ロシアの、そしてプーチンのウクライナに対する領土的野心は、既に２０１４年以来の8年間に渡る侵略行為で明らかであったが、２０２２年2月24日以降の本格的侵攻との関わりで重要なのは、それ以前の２０２１年7月12日にプーチンが発表した論文、「ロシア人とウクライナ人の歴史的一体性について[2]」の内容である。

ここでプーチンは「ロシア人、ウクライナ人、ベラルーシ人は全て古ルーシ（キエフ大公国）の末裔である」と述べて、ウクライナとロシアの一体性を強調している。そして、それらは本来「三位一体の民」であるのに、ボリシェビキがウクライナをソビエト・ロシアから追い出したと批判している。

更にソ連崩壊後に独立したウクライナを政治的・文化的・経済的にロシアから引き離そうと米欧諸国が「反ロシア計画」で画策したと糾弾しており、２０１４年2月のユーロマイダン運動によるウクライナの政変を「過激派とネオナチ」による「クーデター」と断じている。

このようなプーチンの主張から明らかなのは、彼がそもそも独立した主権国家としてのウクライナの存在を事実上否定している事実である。彼にとってはロシア人とウクライナ人はそもそも異なる民族ではなく同一の存在であり、単一の国家に所属すべき人々である。

それがソ連邦形成時に異なる共和国としてロシアから分離されたことを好ましく思っておらず、ソ連崩壊後に独立国となったことも否定的に見ている。そのため、彼は彼の信じる「歴史的一体性」に挑戦するような米欧諸国のウクライナへの接近を「反ロシア計画」だと断じ、現ウクライナの指導層を西側の片棒を担ぐ「過激派とネオナチ」と糾弾するのだ。

そして、侵攻直前の２０２２年２月24日の演説[3]で語ったように、彼はロシアの「歴史的領土」に「敵対的な『反ロシア』が作られようとしている」との認識の下に、ウクライナの「非軍事化と非ナチ化」を目標として、侵略戦争を開始したのである。更には侵攻後の６月９日にはピョートル大帝の大北方戦争（１７００‐21年）になぞらえて、「領土奪還は我々の責務」とも主張している。明らかに彼はウクライナをロシアの領土の一部と見ている。

事実は異なる。ウクライナは独立した主権国家として広く国際社会の承認を得ており、その中にはロシア自身も含まれる。何よりロシアは１９９４年12月に旧ソ連の核兵器をウクライナがロシアに引き渡す代わりに、ロシアとしてウクライナの主権と独立、既存国境を尊重し、武力による威嚇やその行使を行わないとしたブダペスト覚書に署名している。２０１４年のウクライナにおける政変も米欧諸国による「反ロシア計画」の産物ではない。それはＥＵとの連合協定締結を当時のヤヌコヴィッチ政権が反故にしたことに対するウクライナ市民自身の異議申し立てとして始まったのであり、これに対して独立した主権国家への不法な干渉を行ってクリミア半島の奪取と東部地域での騒乱を引き起こしたのはロシア／プーチンの側であった。

同様の虚偽は、ＮＡＴＯが東方拡大をしないという誓約に違反したためにロシアは自国の安全を守るためウクライナへの侵攻をせざるを得なくなった、との主張にも見られる。ＮＡＴＯは東方拡大を行わないという誓約をしたことはない。１９９０年２月９日に当時のＪ・ベーカー米国務長官がゴルバチョフ大統領に対して「ＮＡＴＯ軍に対するＮＡＴＯの管轄権が１インチたりとも東に拡張することはない」と述べたことはあるとされるが、これはＮＡＴＯ拡大ではなく統一ドイツのＮＡＴＯ残留を巡る文脈の話であり、かつ米国の公式方針でさえなかった(4)。

結果的に統一ドイツは旧東独部分まで含めてＮＡＴＯに残留し、ＮＡＴＯの東方拡大がそれ以上行われないとする如何なる公的な誓約もロシアに対して行われなかった。かつ、ロシアは１９９７年５月27日に締結されたＮＡＴＯ・ロシア基本文書を受け入れることで、事実上ＮＡＴＯの第一次東方拡大（１９９９年３月）を黙認した。その後の第二次（２００４年３月）以降の拡大にも目立った反発をしなかった。

ＮＡＴＯは２００８年４月のブカレスト首脳会議でジョージアとウクライナのＮＡＴＯ加盟に向けた熱意を歓迎するとし、これがロシアの反発（２００８年８月のジョージア侵攻を含む）を引き起こした。しかし実際には両国の加盟に向けた動きは今日に至るまで停滞している。よって、これがロシアに具体的脅威を与えた事実はない。加えて言えば、２０１４年２月にロシアがウクライナに武力干渉した理由は、ＮＡＴＯではなくＥＵへの接近（連合協定の締結）であった。ＮＡＴＯの東方拡大がロシアに脅威を与えたためにロシアとしてウクライナ侵攻をせざるを得なくなった、というロシアの主張は根拠に乏しい。

以上を踏まえれば、ウクライナ戦争の原因をウクライナや米欧の側にあるとするロシア／プーチンの主張には無理がある。この戦争はロシア側の安全を求める行動を米欧等が誤認して過剰反応したという類の「安全保障のジレンマ」[5]によるものではない。独立した主権国家への国際法違反の侵略行為であり、ロシア／プーチンによる「力に基づく一方的な現状変革」として解釈すべき戦争である。

　プーチンの侵略の動機としては、米欧の脅威への対抗よりも「ロシアの歴史的領土としてのウクライナの回復」[6]という「ロシア世界（ルースキー・ミール）」思想の影響の方が強いように思われる。併せてソ連崩壊後の混乱を経て、ロシアの大国としての再興を実現した「国父」たる地位の確立、という個人的野心も背景としてあったと思われる。

なお、抑止を巡る「合理性」との関連で言えば、プーチンが侵攻を非合理に決定したとの見方もあるようだ。しかし筆者はプーチンは合理的に決定したと見ている。実際には短期決戦で終わるはずが予想外の劣勢で長期化する大誤算になっているが、これは側近不信や新型コロナの影響に加え、計画秘匿のために限られた少人数で侵攻計画を策定した等の事情によって、不完全な情報のまま侵攻を決定したためと思われる。プーチンが合理的に意思決定する人物であることは、ウクライナで未だに（2023年5月現在）化学・生物兵器や核兵器が使用されていないことからもわかる。彼はその帰結につきよく理解しているのだろう。そのことは、プーチンが常に侵略的ではなく機会主義的な現状変革者であることを示唆し、ウクライナ戦争が本質的には抑止可能であったことも示唆するのである。

② ロシアの政治体制（競争的権威主義）がプーチンの個人意思をロシアの国家意思として体現した。

もしロシアが民主主義国であるならば、仮に指導者一人が「ロシア世界」のような失地回復主義に囚われていたとしても、これを現実の侵攻という行動に結びつけることは難しい。民主的な社会では議会や司法やメディア等の様々なチェック機構があり、侵攻計画は事前に隠し通すことが困難である上、綿密な過程を経て検証されるからである。

しかしロシアは民主主義国ではないため、権力のチェック機構が満足に働かず、プーチンの個人意思がそのままロシアの国家意思として体現された面があると考えられる。侵攻計画は政権内部の限られた関係者のみで策定され[7]、奇襲効果を得るために徹底的に秘匿された。最終的にプーチンが決定した侵攻は、世界のみならずロシア国民、そして事前調整の機会を得なかったロシア軍の現地部隊すらも驚かす形となった。

ただし、現在のロシアはかつての共産主義体制と同様の権威主義国という訳ではない。曲がりなりにも議会があり、定期的な選挙がある。プーチンの地位も選挙結果に影響を受けない訳ではない。それなのになぜこのような決定が可能なのかと言えば、それはロシアが、選挙はあるが自由でも公正でもなく、選挙結果は指導者の利益になるよう様々に操作可能である、という「競争的権威主義（competitive authoritarianism）」の国家だからである。

「競争的権威主義」は見た目の上では選挙があり、権力交代もルール上可能ではあるが、しかし自由で公正な選挙を実施することが事実上不可能な政治体制を示す概念である[8]。指導者は立法・行政・司法の各政府機構や国営メディア等を恣意的に用いて対立候補に不利な戦いを強い、反対派の抑圧を行う。そのため対立候補は選挙に勝利することができない。よって指導者に対する満足なチェック機能が働かず、こうした政治体制の下では指導者の意思がそのまま国家の意思となりがちである。

プーチンが大統領になって以降のロシアは典型的な競争的権威主義の国家である。権力はプーチンに連なる治安・国防機関の出身者であるシロビキが独占し、富はシロビキと癒着した大富裕層たるオリガルヒに独占されている。そしてプーチンは2000年の大統領就任以降、2008年から12年まで首相を務めた他は、今日まで一貫して大統領職を務めている。ロシア下院は450議席中、325議席が与党の統一ロシアに占められており(2023年5月現在)、政権の制約とはならない。司法も政権の決定に追随しがちである。加えて、プーチンの政敵に対する抑圧姿勢は凄まじい。多くが逮捕・投獄され、中には暗殺された例もある。典型例は、毒殺未遂後に収監されている反プーチンの政治活動家、A・ナワリヌイであろう。

なお独立調査機関レバダ・センターの調査によれば、プーチンの支持率は侵攻後の2022年3月に71%から83%に上昇した。その後の長期化・泥沼化にもかかわらず、2023年以降も引き続き80%以上の支持率を保っている。[9] 反対派の抑圧の結果、既にロシア国内にプーチンに挑戦し得る勢力はいない。世論は戦争遂行の障害にはならないと見るべきであろう。

こうしたロシアの権威主義的な政治体制下において、プーチンの個人意思が権力に対するチェック過程を経ずに、そのまま国家意思として体現されたのがウクライナに対する本格的侵攻の決定であったと見る事ができる。

③ 侵攻前にロシアは全般的な国際関係が現状変革に有利と認識していた。

以降、③④⑤は国際情勢や軍事バランスの侵攻前の状況が、ロシアにとって現状変革に有利と認識されていた可能性が高い、という話である。まずは全般的な国際関係を取り巻く状況がロシアにとって現状変革に有利と認識されていた可能性である。

冷戦終結後のロシア史の観点で見ると、プーチンは自身を、ソ連崩壊という「20世紀最大の地政学的悲劇」後の大混乱を乗り越えて、ロシアの国際的地位を回復させた立役者と自任している可能性が高い。実際、エリツィン期のロシアは経済の破綻や二度に渡るチェチェン紛争等、多くの混乱を抱えていたが、プーチンの大統領就任後にはこうした混乱は収束して経済も回復した。そして２００６年８月に対外債務の前倒し返済を完了したことが、国家としての自信の回復に繋がったと考えられる。

他方で、ポスト冷戦期からイラク戦争の頃までは「単極」と呼ばれて圧倒的存在とされてきた米国の優位が、イラク戦争後の統治失敗と２００８年の世界金融危機を受けて、大きく揺らいだことも、ロシアの（そしてプーチンの）認識に影響を与えたと考えられる。この前後から世界は「多極化」に向かうとの言説が語られるようになり、経済面でも新興国（ロシアも含まれる）の役割を重視したG20に焦点が当たるようになった。こうした米国の相対的な地位凋落を伴う地政学的なパワーシフト（少なくともその認識）が、ロシアの現状変革の志向を後押しした可能性は高い。

実際、ロシアは２００７年以降に顕著な現状変革的行動を躊躇わなくなっている。その端緒は２００７年４月のエストニアに対する大規模なサイバー攻撃であった。続いて２００８年８月に南オセチア問題を口実にジョージアに侵攻した。そして２０１４年には、ＥＵとの連合協定締結を求めるユーロマイダン運動で親ロ派のヤヌコヴィッチ政権が瓦解したことへの対抗措置として、クリミア半島と東部ドンバス地域への軍事介入という形で、ウクライナへの侵攻を開始している。

その後もロシアにとって米欧等の民主主義勢力の弱体化と思える状況は続いた。

２０１６年６月の英国の国民投票でＥＵ離脱が決まったことは英国内政の混乱を露呈した。同年11月の米国の大統領選挙では、予想外の候補であったＤ・トランプが当選した（そしてロシアはトランプに有利になるようにこの選挙に干渉していた）。これ以降、米欧諸国でポピュリスト運動による民主主義の弱体化が指摘されるようになった。

　これらの運動は基本的に反エリート主義の立場を採り、外交を含む既存の政策を否定すると共に、陰謀論の拡散を通じて民主主義のプロセスを歪めた。そしてしばしば親ロシアの立場を採っていた。こうした民主主義勢力の混乱は、２０２１年１月６日の、バイデン米大統領の就任を阻もうとした米議会襲撃事件で頂点に達することとなる。

　それ以外にもロシアの現状変革に有利と感じられる国際情勢の展開は続いた。中国の台頭で米国、続いて欧州諸国が対中及びインド太平洋重視に傾斜したことはその一つであった。こうした動きは欧州での対ロ抑止の相対的軽視を招いた。欧州諸国の対ロ・エネルギー依存が高まっていたことも対ロ宥和への過度な傾斜を導いた。とりわけ、ロシアから欧州に天然ガスを輸入するパイプライン計画であるノルドストリーム２の推進はしばしば政治的に問題視された（が、ドイツは計画継続に拘《こだわ》った）。世界が大国間の戦略競争の時代に回帰する中で、民主主義勢力対権威主義勢力の構図が強調され、その中で中ロの結束が強化されたことも指摘できる。中ロは反西側で立場を共有し、合同軍事演習を繰り返すようになった。そして今回の本格的侵攻の直前、２０２２年２月４日に中ロ首脳会談を行い、「中ロ友好に限界はなく、協力に聖域はない」とまで宣言した。

以上を踏まえると、今回の本格的侵攻前のロシアが、全般的な国際情勢がロシアによる現状変革に有利であったとの認識を持っていたとしても不思議はないと考えられる。米欧は相対的地位の低下が指摘されており、内政は分裂していた。しかもその関心は欧州ではなくインド太平洋地域に向けられていた。そして中ロ等の権威主義勢力との対決を避けてその現状変革をたびたび座視する姿勢も示していた。その一方で、中ロの結束は強化されていた。米欧諸国が全般的な国際情勢について、現状変革は困難であるとのロシアの認識形成に失敗したことが、今回の抑止破綻の遠因と指摘できる[10]。

④ 侵攻前に核を含む戦略兵器のバランスも現状変革に有利と認識されていた。

ロシアは侵攻前に、核を含む戦略兵器のバランスに関しても現状変革に有利と認識していた可能性がある。米ロ間の戦略核のバランスについては、２０１０年に締結された新ＳＴＡＲＴ条約がその対等性を保証していた。すなわち、この条約は両国が保有可能な戦略核弾頭数を１５５０発（爆撃機については１機を弾頭一つと数える特殊なカウントルールに基づく）、配備済みの運搬手段（ＩＣＢＭ／ＳＬＢＭ／爆撃機）数を７００基／機、非配備を含む運搬手段数を８００基／機に制約していた。

新ＳＴＡＲＴ条約は「核なき世界」路線を追求した米オバマ政権が推進したものであったが、ロシアにとってもこの条約の締結には大きな利益があった。なぜならば、２０１０年代初頭のロシアは、特に戦略核の運搬手段数において米国に大きく劣後していたからである。

２０１１年９月１日時点での新ＳＴＡＲＴ条約に基づく情報開示の内容を見ると、米国が１７９０発の戦略核弾頭数を有していたのに対して、ロシアは１５６６発に留まっていた。そして配備済み運搬手段数は米国８２２基／機に対してロシア５１６基／機、未配備を含む運搬手段数は米国１０４３基／機に対してロシア８７１基／機と明らかに劣っていたのである[11]。これはロシアの核戦力が近代化の途上にあったことに由来するが、つまり新ＳＴＡＲＴ条約はロシアにとって、米国の戦略核戦力に上限を設けると共に、自国が条約制限の範囲内で米国にキャッチアップするための時間稼ぎの手段として有効だったのである。

その後、ロシアの戦略核戦力は着実に近代化された。ＩＣＢＭではＲＳ-12Ｍ１／２「トーポリＭ」、ＲＳ-24「ヤルス」、ＳＬＢＭではＲＳＭ-56「ブラヴァ」とそれを搭載した新型戦略原潜たる「ボレイ型」の就役が図られた。数量的にも条約制限によって米国の核戦力が削減されたために差異は縮まった。ウクライナへの本格的侵攻直後の２０２２年３月１日のデータでは、核弾頭数が米国１５１５発のところロシア１４７４発、配備済み運搬手段数が米国６８６基／機のところロシア５２６基／機、未配備の運搬手段数が米国８００基／機のところロシア７６１基／機となっている[12]。これによりロシアは対米核抑止に自信を深めたと考えられる。

更にロシアは条約対象外のものを含む新型核戦力の開発も進めた。すなわちプーチンは２０１９年２月20日の年次教書演説で新型ＩＣＢＭ「サルマート」、極超音速滑空兵器「アバンガルド」、原子力推進巡航ミサイル「ブレヴェストニク」、大型核魚雷「ポセイドン」等の開発計画を明らかにしたのである。こうしたロシアの姿勢は、新ＳＴＡＲＴ条約では規制されない米国のミサイル防衛に対抗するためと考えられ、米国の戦略兵器レベルの優位を相殺しようとする試みなのは明らかであった。

これらのロシアの動きに対し、米国では目立った対抗措置は採られなかった。トランプ政権期に米国はロシアの所謂《いわゆる》「エスカレーション緩和のためのエスカレーション」戦略[13]に対抗するため、ＳＬＢＭに低威力核弾頭（W-76 mod2）を搭載する措置を採ったが、これは戦略核というより非戦略核の文脈で採られた措置であった。米国は戦略レベルではロシアとの「戦略的安定性」の構築を通じて核戦争を回避することに重点を置いていた。

この傾向はバイデン政権では特に顕著となり、ロシアとの間で「戦略的安定性対話」を創設した他、一時は米国の核政策として核先制不使用宣言や（核兵器の唯一の目的は他国の核攻撃を抑止することであるという）「唯一の目的」宣言の採用を模索さえした[14]。すなわち、バイデン政権は米国の核使用の閾値を引き上げ、他国との核戦争の回避に至高の価値を置いていた。

しかし米国がロシアとの核戦争回避を重視すればするほど、地域的な現状変革の試みが米露間の核次元の対立にエスカレートする可能性が減る訳であるから、ロシアとしては非核の戦力で地域的な現状変革に踏み切る心理的閾値がそれだけ下がることになる。戦略レベルの安定性がかえってそれ以外のレベルの不安定性を惹起してしまうというこの逆説は「安定性・不安定性のパラドックス（stability-instability paradox）[15]」として知られるが、ウクライナで起こったことがまさにこの逆説であった。

すなわち、ロシアの本格的侵攻前にバイデン政権が２０２１年に期限を迎えた新ＳＴＡＲＴ条約の無条件更新（５年間）をあっさり認めたこと、同年後半のウクライナ危機の際に「第三次世界大戦を回避する」として米軍の不介入を明言したこと、それによるロシアとの核戦争回避を強調したこと等は、ロシアのウクライナにおける現状変革を助長した面があったと考えられる。

更に、侵攻直前の2022年1月3日に核保有五大国が揃って「核戦争に勝者はいない」「核戦争を絶対に始めてはならない」とした共同宣言を発表したことも、同様の影響があったと考えられる。それがロシアに非核手段によるウクライナへの侵攻が西側との核戦争にエスカレートすることはない、という安心感を与えたと考えられるからである。

以上のように、米国がロシアとの核戦争回避に拘ったこと、新START条約を中心に米ロ間に戦略兵器レベルの「安定性」が構築されていたことは、ロシアのウクライナにおける非核レベルの現状変革行為を後押しする作用があったと考えられる。米欧諸国の核エスカレーション回避の思考は後述するように未だに対ウクライナ支援の形に大きな影響を与えており、ウクライナ戦争の「終わらせ方」を巡る混乱にも深く関連している。

⑤　侵攻前に現地の軍事バランスもロシアに有利と認識されていた。

侵攻直前の現地の軍事バランスもロシアに有利と認識されていた可能性が高い。一般に抑止論では長期的な戦力バランスよりも緊急及び短期的な戦力バランスが抑止に強く作用する[16]と言われるが、ウクライナの場合も侵攻直前の現地の軍事バランスがロシアに有利と考えられたからこそ、抑止の破綻が起きた可能性が高いと考えられる。

　ウクライナへの侵略はそもそも２０１４年の当初から、米国が対外軍事関与に消極姿勢を増す中で起こった。イラクの占領統治に失敗した結果として米国民の厭戦感情が高まり、更に世界金融危機に伴う累積債務の拡大で国防予算が削減されたことがその背景にあった。オバマ政権の頃には所謂「リトレンチ」論が盛んに喧伝されたが[17]、米国は過剰な対外軍事関与を避け、地域の同盟国や友好国への負担分担を進めるべきとするのがその主張の骨子であった。米国はそうした負担軽減を通じて国内問題の解決に焦点を当てるべきとされた。

　国防予算削減の流れはトランプ政権期にひとまず止まり、中ロへの戦略競争への備えが強調されるようにはなった。しかし重視されたのは中国への対抗措置であり、ロシアへの対抗措置ではなかった。バイデン政権の暫定版の国家安全保障戦略（２０２１年3月）はこの点を明確にした。中国は安定的で開かれた国際システムへの継続的な挑戦のために経済・外交・軍事・技術的なパワーを潜在的に結合できる唯一の競争相手と位置付けられ、明らかにロシアの上位に置かれたのである[18]。この点はロシアが斜陽の国家と見なされたのに対して、中国が米国に伍する存在となり得る唯一の相手と見なされたことによるが、米国においてロシアへの備えが相対的に軽視される原因となった。欧州における対ロ抑止のための戦力増強はそれほど重視されなかったのである。

加えて、頼みの同盟国や友好国への負担分担も円滑に進まなかった。ＮＡＴＯ諸国は２０１４年９月のウェールズ首脳会合で２０２４年までの国防費の対ＧＤＰ比２％への引き上げにつきコミットしたが、２０２１年の段階でこれを越えていたのはギリシャ、米国、ポーランド、英国、クロアチア、エストニア、ラトビア、リトアニアの８か国に過ぎず、残りの21か国は下回っていた[19]。そして既述のようにウクライナのＮＡＴＯ加盟プロセスも進まず、特に２０１４年以降はロシアを刺激するとの理由により、ますます実現の目途は立たなくなっていた。

こうした中で、プーチンは２０２１年３〜４月にウクライナ国境沿いの軍配備を増強して西側の反応を見たが、目立った反応がなかったため、10〜11月に改めて軍配備を行ってウクライナ及び米欧諸国に圧力をかけた。これに対して米国では「ロシアが２０２２年初頭に最大17・５万人を動員したウクライナ侵略を計画している」といった情報当局の精度の高い評価はあった[20]が、バイデン大統領は12月８日に、仮にロシアがウクライナに侵攻しても米軍の派遣は「テーブルの上にない」として選択肢を明確に排除した[21]。彼はロシアによる本格的侵攻後の3月11日にも「米国とロシアの直接対決は第三次世界大戦になる」と述べて、米軍派遣を否定する立場を繰り返した[22]。これらは米ロ対決による戦争拡大と核エスカレーションを徹底回避する米国の姿勢に基づいていたが、同時に米国にはウクライナ防衛の意図はないとのロシアへの明確な意図の伝達ともなった。

このため、ウクライナを取り巻く現地の戦力バランスがロシアに圧倒的に有利だと見なされるのもやむを得ない展開であった。そもそも２０２１年時点でのロシアの総兵力90万人に対してウクライナの総兵力は19・66万人に過ぎず、大きな戦力差があった。陸軍だけで見れば28万人対12・56万人である[23]。そしてロシアは本格的侵攻前に16・9～19万人の部隊をベラルーシを含むウクライナ国境沿いに展開したとされる[24]。これに対してウクライナ救援を明言する勢力は全く存在しなかった。後に明らかになったことによれば、ロシアは侵攻の作戦期間を僅か10日間と見積もっていた模様である[25]。多方向からウクライナに侵攻し、とりわけキーウ北方からの侵攻で容易にウクライナのゼレンスキー政権を打倒できると予測していたのである。

こうしたロシアの当初の目論見は結果的にはウクライナの予想を越えた善戦によって瓦

解したが、しかし侵攻前の時点ではロシアの優位は誰の目にも明らかであり、ロシアのみならず国際社会でもキーウ防衛が絶望的に困難と見なされていたことは事実であった。だから米国はゼレンスキー大統領に国外脱出を勧めたのである。[26] 彼はこれを拒否してロシア軍に抵抗する姿勢を示したが、それは英雄的ではあっても無謀な態度と当時は思われていた。ゼレンスキーが早期に拘束・殺害されるシナリオも十分考えられていたのである。

　戦略兵器のバランスを巡る節でも指摘したが、もし米国がロシアとの戦略的安定性を重視するならば、本来はその結果として「安定性・不安定性のパラドックス」による非核の抑止破綻が生じないように、現地の軍事バランスに関してはウクライナに有利な状況（少なくともそう認識される状況）を作り出して侵略を抑止する必要があった。しかしロシアとのエスカレーションを恐れる米国、そして欧州諸国はそうした対ウクライナ支援を躊躇《ちゅうちょ》した。そのことが抑止破綻の無視できない要因になったと指摘せざるを得ない。

　この点は本格的侵攻後もなお、米欧諸国が対ロ・エスカレーションに繋がる対ウクライナ軍事支援を忌避してきたことに反映されている。飛行禁止区域設定の回避、戦車供与の躊躇、戦闘機やロシア領内に届く長射程兵器の非提供などの文脈である。後述するように2023年5月現在、米欧諸国の対応が徐々に変わりつつあることは確かだが、対ロ・エスカレーションを忌避する本質は容易には変わらないだろう。

⑥ 現状維持側の「探知による抑止」は有効でなかった。

米国は侵攻前に米軍の介入やウクライナへの顕著な軍事支援には否定的であったが、しかしロシアの行動や意図を暴く情報提供には積極的であった。偵察衛星や通信傍受等によってロシア軍の行動を詳細に把握し、その意図を分析して公に明らかにすることは、ロシアの行動を阻害して奇襲効果を失わせしめ、その現状変革意図を挫《くじ》くのに有効であると考えられていたからである。こうした「探知による抑止（deterrence by detection）」[27]の試みは、物理的な紛争介入に比べれば実施のコストが低く、またロシアとの間のエスカレーションのリスクも最小化できることから、好んで選択されたと考えられる。

このため米国はロシア軍の行動や意図について事前に積極的に公表し、またウクライナ政府にも通知した。既述の「ロシアが２０２２年初頭に最大17・5万人を動員した侵攻を計画している」旨の情報開示もその一環であった。更に、マクサー・テクノロジーズ社をはじめとする民間の衛星画像会社から提供される衛星画像の分析も、ロシア軍の行動を明らかにすることに貢献した。こうして、米国は侵攻前にほぼ正確にロシアの侵攻計画を把握していた。しかも米国はこうした情報を国際社会に明らかにしていたが、それでもロシアの本格的侵攻を防ぐことはできなかった。

米国は「探知による抑止」を実現することはできなかったが、それでも侵略前の状況認識能力の向上を通じてロシアの侵略意図を暴く試みが無意味であったという訳ではない。なによりそれは国際社会への情報提供を通じて、ロシアの情報操作を通じた誘導工作（ハイブリッド戦）の試みを効果的に阻止することに貢献した。抑止破綻やエスカレーションの責任がウクライナ側にあるというロシアの主張が国際社会で説得力を持つことはなかった。そのことは累次に渡る国連総会での対ロ非難決議に多くの国家が賛同したことから明らかである。

更に、こうした取り組みはウクライナ軍への作戦面での情報提供という形で例えば火力誘導等に貢献しており、またロシア側による「民間人の虐殺は捏造」であるとか、「ウクライナが汚い爆弾の使用を試みている」等の虚偽主張に反駁するのにも役立っている。いわゆる認知戦の文脈における状況把握能力の重要性は特筆すべきである。

しかし、「探知による抑止」の取り組みは、確信的な現状変革の決意を固めた相手に対して、それだけでは有効ではなかったと結論すべきである。状況把握の取り組みに加えて、物理的な対抗手段の手当なくしては、やはり侵攻の抑止そのものは図れなかったのである。

⑦ 経済制裁の脅しによる「領域横断的抑止」は有効でなかった。

米国を含むＧ７諸国は、経済制裁を通じてロシアの侵攻を阻止する試みも行った。侵攻直前の２０２２年２月19日に行われたＧ７外相会合の共同声明では、「ロシアは、ウクライナに対するあらゆる更なる軍事的侵略は、ロシア経済に厳しく前例のないコストを課すこととなる幅広い部門・個人を対象とした経済・金融制裁を含め甚大な結果を招くことを、明確に理解すべきである[28]」と、はっきりした経済制裁の脅しが行われていた。

そして侵攻後には様々な制裁措置が実際に発動された。それらにはロシアの銀行の「国際銀行間通信協会（ＳＷＩＦＴ）」からの排除、ロシア連邦中央銀行の海外資産（外貨準備）の凍結、ロシアへの先端技術を含む様々な輸出規制の実施、ロシアからの石炭や石油、天然ガス等の輸入停止や削減（又は輸入価格の上限設定）等が含まれた。

これらの措置は実際にロシア経済に大きな打撃を与えるもので、エネルギー調達をはじめロシアとの経済関係を有してきた西側諸国にとっても多大な痛みを伴う措置であった。

こうした制裁措置が実際に発動されたという事は、西側諸国の経済制裁の脅しが「信頼性の高い」ものであったことを意味している。

それにもかかわらず、ロシアの本格的侵攻は抑止されることがなかった。G7諸国をはじめ西側諸国は、ロシアにとって大きなコストを生み出す経済制裁の脅しによりロシアに武力行使を断念させるという「領域横断的抑止（cross-domain deterrence）」を期待した訳であるが、これは達成できなかった。

なぜだろうか。第一に、経済制裁はその中身において不十分な点が否めなかったからである。とりわけ、最も肝心なロシアからの天然ガスの輸入停止は、欧州や日本の対ロ・エネルギー依存を克服できず、果たせなかった。これら諸国はロシアからの天然ガス輸入を停止すればエネルギー危機に直面するため、西側諸国としての一致団結した対応はできなかったのである。加えて、制裁は国際的な広がりも欠いていた。特に第三国に対する二次的制裁の枠組みが設けられず、中印等の制裁に参加しない第三国が引き続き資源調達を含むロシアとの経済関係を維持した点は大きかった。

こうした限界の中でロシアは引き続き外貨調達が可能なままであった。加えてエネルギー価格の高騰で制裁効果が相殺されたことも、西側諸国にとっては誤算であった。制裁はロシアの継戦能力を削ぐ上で有効ではあろうが、現在のところ不徹底であり、そうした限界がロシアに当初から見抜かれていたと思われる。

第二に、経済制裁自体に抑止手段としての限界があるからである。制裁はたとえ有効に機能したとしても、効果発揮に長い時間を要する。時間をかければロシアの国力を減衰せしめて対外侵略の能力を低減できることは事実であり、実際にロシアは半導体等を輸入できずに精密誘導ミサイルの生産に支障をきたしているようである。

しかし、懲罰的な抑止手段に本来求められるのは瞬時かつ劇的な効果発揮である。核兵器の抑止効果を表現するためによく「水晶玉効果（crystal ball effect）」という言葉が用いられるが、これは核兵器の使用が通常兵器の使用と比べて瞬時に劇的な効果を発揮するために、その帰結が誰の眼にも明らかであることを指している。

翻って、経済制裁は長期的には相手への強制手段として意味を持ち得るものの、短期的な足元の状況を左右する即効性はない。そのために水晶玉効果を欠き、懲罰的な抑止効果が低いのである。とりわけ今回のロシアは開戦後10日で勝利できると考えていた訳であるから、経済制裁のような長期的なコスト賦課の脅しで抑止できる可能性は乏しかったと考えられよう。

経済制裁という非軍事手段によって軍事エスカレーションを回避しつつ対ロ抑止を図る

西側諸国の「領域横断的抑止」の思考には限界があった、と指摘すべきであろう。

⑧「戦争の終わらせ方」を巡っても現状維持側に混乱がある。

この最後の知見は他とはやや性格が異なる。他の知見はなぜロシアの本格的侵攻を阻止できなかったかに関するものだが、この知見はなぜ侵攻開始から1年以上が経過した今日もなお、米欧やウクライナ等の現状維持勢力が戦争終結の具体的なビジョンを描けないのかに関わるものだからである。しかしこの知見も①〜⑦の抑止の知見と深く関連している。なぜならば、２０２２年2月24日の時点で抑止を実現できなかった要因の多くは今日もまだ残り続けており、それが戦争の「終わらせ方（war termination）」についての議論の混乱に深く影響しているからである。

例えば、ロシア／プーチンは未だにウクライナへの侵略意図を放棄していない。米欧製兵器の供与を受けたウクライナ側によって軍事的にはかなり押し戻されたものの、２０２２年9月に部分動員令を発して30万人の予備役招集を行い、戦力を立て直して劣勢の挽回を図ろうとしている。足元では東部要衝バフムトを制圧したと宣言している。ロシアの戦争目的が変化した兆しもない。引き続き、「非ナチ化」及び「非軍事化」、すなわちゼレンスキー政権の転覆とウクライナ全土の征圧を意図していると考えられる。

プーチンの個人意思がロシアの国家意思として体現されるロシアの政治体制の問題にも変化はない。部分動員の発令はウクライナ侵攻がロシアの一般市民にも直接関わる問題となったことを意味したが、ロシア国内に目立った反プーチン活動はなく、反対派は引き続き抑圧されている。予見可能な将来にこれが変化する兆しはない。

全般的な国際関係に関しては、少なくとも米欧諸国は結束した。ウクライナ侵略を決して容認できないものとして、ロシアとの対決に極めて消極的であったドイツでさえ、対ウクライナ軍事支援の方針に転換した。国際社会も国連総会の対ロ非難決議の文脈ではかなり明確な意思表示をしている。

ただし、それがロシアに侵略を断念させる段階までは至っていない。表立った支援は控えているものの、中国のロシア支持の傾向は明らかであるし、インドをはじめグローバル・サウスと呼ばれる諸国もロシアへの制裁や関係断絶までは受け入れていない。ロシアが国際社会で完全に孤立しているとまでは言い難い。しかも、最近の米欧諸国は長期に渡る支援継続で「ウクライナ疲れ」を起こしているともしばしば指摘される。

核を含む戦略兵器のバランスは難問のまま残り続けている。米欧諸国はロシアとの核エスカレーションの可能性を恐れ、ウクライナへの介入や対ウクライナ支援にブレーキをかける傾向を維持している。ただし、この面では足元で意味ある変化が生じつつある。２０２３年５月現在、ウクライナが求める飛行禁止区域こそ未だ設定されていないものの、米欧諸国はミグ29戦闘機、そしてF-16戦闘機の供与に踏み切りつつある。

戦車の供与に関しても、ドイツが自国製のレオパルド2戦車の供与容認に転じて以降、状況の変化が生じた。ウクライナは各国から供与された戦車や歩兵戦闘車により諸兵科連合の地上戦力を構築しつつあり、今後の反攻での活用が期待される。

ロシア占領地域を攻撃可能な長射程兵器の供与についても、未だウクライナが求める米陸軍の戦術ミサイル・システム（ＡＴＡＣＭＳ）の供与こそ実現していないものの、射程２５０㎞超とされる英国製の巡航ミサイル、ストームシャドゥの供与がなされる、という大きな変化があった。戦闘機の供与と合わせ、今後、ウクライナは既存のハイマース（ＨＩＭＡＲＳ）の射程（約70～１５０㎞）を越える距離への戦力投射が可能になると思われる。

ただし、ロシアは核恫喝を引き続き継続している。プーチンは２０２３年２月21日の年次教書演説で米国との新ＳＴＡＲＴ条約の履行停止を宣言し、核戦力の増強についての確固たる決意を示した。のみならず、３月にはベラルーシ国内へのロシアの戦術核の配備について同国と合意し、７月１日までに保管施設を完成させるとした。そして、戦術核運用のためにベラルーシ軍のＳｕ-25戦闘機を改造したほか、５月末には戦術核を搭載したイスカンデルＭミサイルの配備を実際に開始したとされる。

こうした動きはウクライナを支援する米欧の動きを牽制するものである。確かに、米欧との核エスカレーションの可能性を考えれば、ロシアとしても実際に核兵器を使うことは容易でないとは考えられる。しかし米欧としては、どこから先がロシアの核使用の閾値を越える反応を導くのか、ウクライナへの介入や支援に引き続き神経質にならざるをえない展開が続くであろう。米国が、ウクライナによるＦ-16戦闘機やその他の米国製兵器の使用に関して、ロシア領域内で使用されることがないよう、気を遣っているのはその一例である。

現地の軍事バランスについては、上記のような米欧の支援を含め、足元でウクライナ側がかなり有利な展開を示している。２０２２年９月のハルキウ方面の攻勢はウクライナ側の明確な勝利に終わり、また11月には南部要衝のヘルソン市の奪還も実現した。これはウクライナ側の旺盛な戦意と米欧の積極的な軍事支援の結果である。しかしその後の状況は膠着した。

ロシアは対抗措置として部分動員を発令し、2023年2月から東部方面での本格反攻を実施した。その結果、かなりの消耗を経たものの、上記の通り東部要衝バフムトの制圧を宣言している。また、想定されるウクライナ側の反攻に備え、東部と南部に長大な対抗陣地を構築して防衛に努める姿勢ともみられている。

今後、米欧の支援を受けたウクライナの反攻の結果が注目されるところではあるが、いずれにしても、未だロシアが軍事的に打倒された訳ではなく、ウクライナの反攻も直ちに戦争の終結を導くものではないと見られている。つまり、この戦争は更なる長期化が見込まれている。

結局のところ、「安定性・不安定性のパラドックス」の問題は残り続けており、米欧がロシアとの核エスカレーション回避に拘り続ける限り、例えばロシア領内やクリミア半島への本格的反攻のような、ロシア側の一線を越えると思われるウクライナ側の行動への支援には、引き続き躊躇せざるを得ないであろう。

なお「探知による抑止」や経済制裁を通じた「領域横断的抑止」の試みが引き続き奏功していないことも、改めて指摘するまでもなく明らかである。

こうした中で、現状維持勢力の中では、この戦争の「終わらせ方」を巡って議論の混乱が見られるようになっている。現状維持勢力にとって戦争の終結点は幾つかの形が考えられる。第一に、２０２２年2月24日以前の状態に復帰させて停戦に持ち込む形である。しかしこれは事実上の領土放棄を迫られるウクライナが拒否するし[30]、侵略意図を保ち続けるロシアも拒否するであろう。第二に、２０１４年2月以前の状態に戻す、すなわちクリミア半島と東部ドンバス2州の回復を含めて国際的に承認されたウクライナの領土を取り戻す形である。これはロシアの徹底抗戦を招き、場合によっては核エスカレーションも覚悟する必要があろう。第三に、ウクライナの領土を取り戻すだけでなく、再度の侵攻が不可能な状態に至るまでにロシアの弱体化を目指す形がある。戦後のウクライナの安全確保には究極的にこれが必要であるが、明らかに「第三次世界大戦」のリスクを覚悟せねばなるまい。

現状では、第一の２０２２年2月24日以前の状態への復帰という目標でさえ、目途が立っている訳ではない。米バイデン政権はロシアとの交渉の時期や条件はウクライナ次第とするが、今後、支援長期化で「ウクライナ疲れ」する米欧諸国の中には、ウクライナの意向にかかわらずロシアとの早期停戦を実現するよう、同国に支援中断等の形で圧力をかけるべきとの声が出てくる可能性がある。同様にロシアとのエスカレーション回避のため停戦が必要だとの主張が叫ばれる可能性もある。

しかしウクライナにとっては侵略者の排除を通じた全ての領土奪還は至上命題であり、こうした主張は受け入れ難いであろう。この点は2022年5月のダボス会議における、H・キッシンジャー元米国務長官と、ウクライナのD・クレバ外相の論争によく示されている。前者がリアリズムの見地から「(領土)分割する線を戦争前の状態に戻すべきだ」と述べたのに対し、後者は「2014年から主要国が使ってきた『譲歩せよ、されば戦争は防げる』という戦略は失敗した」と述べて、厳しく反発したのである[31]。

米欧諸国としても、この戦争で侵略した側のロシアが利益を得るような「終わらせ方」は、既存秩序の崩壊を招くために受け入れ難いことは間違いない。さりとてロシアとのエスカレーション回避は追求せねばならず、ウクライナを際限なく支援することも躊躇するであろう。加えて、2022年4月に判明したブチャでの民間人虐殺以降、ロシアの戦争犯罪がウクライナ各地で次々に明らかになっていることも、停戦交渉を阻む大きな理由になると考えられる。非人道行為の「戦犯」たるプーチン政権と取引することは道徳的に不可能だからである。

いずれにしても、侵攻当初の抑止破綻の要因を今なお色濃く残す現時点(2023年5

月）では、この戦争の「終わらせ方」について確たるビジョンを持つことは未だ極めて困難であると言わざるを得ない。

3．台湾海峡有事への含意

ウクライナにおける抑止破綻に関する八つの知見を提示したが、これらはインド太平洋地域における抑止問題、とりわけ台湾海峡有事に対してどのような含意を持つのだろうか。ウクライナ戦争と台湾海峡有事では、中国が未だ台湾侵攻に向けた政治的・軍事的準備を完了していないと見られる点、戦域が地上軍主体ではなく海空戦力主体となる点、地域に多国間同盟が存在せず個々の同盟を繋ぐ緩やかな安保ネットワークしか存在しない点等、多くの相違があって単純に知見を敷衍できないが、共通する要素も多いので、含意を探りたい。

最初の含意としては、台湾海峡有事もウクライナ戦争と同様に「力に基づく一方的な現状変革」となる可能性が高いことである。中国の習近平国家主席は台湾統一を中国共産党の「歴史的任務」と見なしており、平和統一を目指すとはするものの、武力統一の選択肢を決して放棄しないと明確に宣言している。よって台湾有事は確信的かつ計画的な現状変革の結果として起こる可能性が高い。米中央情報局（ＣＩＡ）のＷ・バーンズ長官によれば、既に習近平は２０２７年までの台湾侵攻を想定した準備を中国人民解放軍に求める指示を出したという[32]。中国は確信的な現状変革の意図を持っていると考えてよいであろう。

　第二に、中国においてもロシアと同様に、習近平個人の意思が中国の国家意思として体現される可能性が高いことである。とりわけ習近平は２０２２年10月の第20回党大会で党総書記として異例の三期目入りを果たしており、中央軍事委員会を含む党や国家の要職を自らの側近に独占させて顕著な集権化を実現したとみられる。このため、ロシアと同様に侵略決定への制度的歯止めが効きにくい可能性がある。また、習近平もプーチンと同様に、合理的ながら限られた情報の中で意思決定を行う可能性が高いだろう。

　第三に、中国も全般的な国際関係が中国にとっての現状変革に有利と認識している可能性が高いことである。米国の相対的優位の低下と多極化の認識はロシアの場合と同様であり、更に日本を含む地域諸国の対中経済依存の強さも中国に有利な要素である。他方で日米含むＱＵＡＤ諸国がインド太平洋戦略を策定して対中牽制に努めているが、その本格的始動はまだ道半ばであると共に、インドの立場の曖昧さもあり、中国有利の認識を覆すところに到達できるかは疑わしい。中ロ関係については、ウクライナ侵攻の結果としてロシアがどこまで弱体化するかが不確定だが、少なくとも中ロの結束は強化されている。

第四に、核を含む戦略兵器のバランスは、今後中国の現状変革に有利になる可能性が高いことである。米ロ間の新ＳＴＡＲＴ条約は２０２６年までは効力を残しており、米国は履行停止をしない限り、条約上限に縛られ続ける。他方で中国は急速に核軍拡を進めると見られており、現状の４００発から２０３０年までには１０００発、２０３５年までには１５００発まで弾頭数を拡大させると見られる[33]。米中間の戦略核レベルの戦力が拮抗に近づけば、やがて米国は中国との「戦略的安定性」を意識せざるを得なくなり、ウクライナの状況と同様の「安定・不安定性のパラドックス」が台湾で生起する可能性も出てくる。すなわち、米国は中国との核エスカレーションを恐れて、台湾海峡有事への介入を躊躇する可能性がある。

第五に、現地の軍事バランスはますます中国有利に変化していくことである。新型コロナ等で中国の経済成長が鈍化しても、その国防費の増額傾向にはこれまでのところ変化が見られない。そのため通常戦力面での地域諸国との不均衡が拡大している。日本は２０２２年12月16日、国家安全保障会議の閣議決定の安保関連3文書で今後5年以内の防衛力の抜本強化の方針を示したが、中国の軍事力増強のペースにキャッチアップできるかは不安が大きい。仮に目先の２０２０年代の抑止破綻を回避できても、２０３０年代には更に戦域レベルの軍事バランスの不均衡が拡大すると見られており、抑止破綻の蓋然性はますます深刻なものとなろう。

第六に、「探知による抑止」が機能しない可能性が高いことである。中国は台湾に関して既に確信的な現状変革意図を明らかにしており、こうした勢力に対して状況認識能力の向上のみで対抗しても効果がないと考えられる。実効的な物理的抑止力が必要となろう。ただし、この能力は中国の情報操作や誘導工作等の阻止の観点では有効であるから、不要という訳ではない。

第七に、経済制裁の脅しによる対中抑止は望み薄ということである。２０２１年のデータでロシアは世界のＧＤＰの１・８％を占めるに過ぎなかったが、西側諸国はそうしたロシアでさえ、経済制裁による脅しで抑止することはできなかった。しかし２０２２年における中国のＧＤＰシェアはロシアの10倍の18％である。対中経済デカップリングの試みは現実性を欠くと言わざるを得ず、中国への経済制裁の脅しが領域横断的抑止として機能するとの見方は楽観主義と断じざるを得ない。結局、抑止のためには軍事的エスカレーションのリスク甘受が必要となろう。

そして最後に、ウクライナの場合と同様に、台湾海峡有事においても、ひとたび抑止が破綻すれば「戦争の終わらせ方」は難問になると思われる。そもそも台湾という島嶼《とうしょ》を巡る紛争で現状維持勢力がウクライナのような長期間の消耗戦を展開可能か疑わしいが、仮に通常戦力で中国の侵攻を打破したとしても、そのことが核エスカレーションを引き起こす懸念がなおも残るだろう。そうした「終わらせ方」の困難を思えばそもそも中国の侵攻を抑止することが重要と言わざるを得ないが、それが果たしてできるかは重い課題である。

以上のように、ウクライナ戦争の抑止破綻から得られる知見は、台湾海峡有事にも一定の含意を持つと考えられる。それらの含意が示すのは、ウクライナで抑止破綻を導いた要因は台湾海峡にも存在しており、実際に抑止の破綻が起こる可能性が無視できないということである。これを防ぐには、ウクライナでの抑止破綻の事例を教訓に、現状維持勢力としての抑止の強化に努めるほかないであろう。

具体的には、（ウクライナ戦争でロシアに勝利をさせないことを含む現状維持に有利な状況形成を通じて）全般的な国際関係が現状変革に有利でないと中国に認識させること、（米国の核エスカレーション上の優位維持を通じて）戦略兵器のバランスが現状変革に有利でないと中国に認識させること、（米国と同盟国／友好国との協調を含めた戦域内での通常戦力の強化を通じて）現地の軍事バランスが現状変革に有利でないと中国に認識させること、等が抑止の鍵となるであろう。他方で「探知による抑止」や経済制裁による「領域横断的抑止」等の、相対的に低コストでエスカレーションのリスクが低いと見られがちな抑止措置は、現実には機能しないと想定すべきである。確信的な現状変革の意図を持つ相手に対しては、やはり物理的手段での対抗措置を採るほかないであろう。

註

（1）Alexander L. George and Richard Smoke, *Deterrence in American Foreign Policy: Theory and Practice*,（New York: Columbia University Press, 1974）, p. 11.

（2）Vladimir Putin, "Article by Vladimir Putin 'On the Historical Unity of Russians and Ukrainians'," July 12, 2021.

（3）Vladimir Putin, "Address by the President of the Russian Federation," February 24, 2022.

（4）"In Ukraine Conflict, Putin Relies on a Promise That Ultimately Wasn't," *The New York Times*, January 9, 2022, 電子版。

（5）「安全保障のジレンマ（security dilemma）」とは、自国の安全を高めようとする行動が意図せざる形で他国の類似の行動を引き起こし、むしろ自国の安全の低下をもたらす状況を指す。

（6）Francis X. Rocca, "'Russian World' is the Civil Religion Behind Putin's War," *The Wall Street Journal*, March 17, 2022, 電子版。

（7）英王立防衛安全保障研究所（ＲＵＳＩ）は侵攻計画がプーチン側近のＤ・コザク大統領府副長官を中心に1年以上前から調整されていたとしている。Jack Watling and Nick Reynolds, “The Plot to Destroy Ukraine,” Royal United Services Institute, February 15, 2022, p. 6.

（8）Steven Levitsky and Lucan A. Way, *Competitive Authoritarianism: Hybrid Regimes After the Cold War*, (Cambridge: Cambridge University Press, 2010), pp. 5–12.

（9）“Approval of Institutions, Ratings of Politicians and Parties: January 2023,” Levada-Center, February 16, 2023, https://www.levada.ru/en/2023/02/16/approval-of-institutions-ratings-of-politicians-and-parties-january-2023/.

（10）なお、日本も同時期に平和条約締結交渉の文脈で対ロ宥和的な姿勢を採っており、このことがロシアに西方での現状変革が東方での問題を引き起こすことはないとの認識形成に繋がった可能性がある。

（11）U.S. Department of State, “Annual Report on Implementation of the New START Treaty,” January 31. 2012, https://2009-2017.state.gov/t/avc/rls/rpt/197087.htm

（12）U.S. Department of State, “Fact Sheet: New START Treaty Aggregate Numbers of Strategic Offensive Arms,” March 1, 2022, https://www.state.gov/new-start-treaty-aggregate-numbers-of-strategic-offensive-arms-2/.

（13）現状変革国が状況を意図的にエスカレートさせることで相手に妥協を強いる戦略を指す。ロシアによる非戦略核の先行使用の可能性が最大の懸念であった。

（14）結果的に中ロとの戦略競争の文脈が重視され、２０２２年10月に公表された米国の「核態勢見直し」ではこれらの要素は含まれなかった。

リアなどにおける作戦において、またロシアも２０１５年のシリアでの作戦で宇宙を積極的に活用してきた。

しかし、これらの作戦における宇宙利用は、基本的には一方的なものであり、もう一方の当事者（イラクやセルビア、タリバン、アルカイダ、北アフリカやシリアのイスラム過激派組織、シリアの反体制派勢力）による宇宙利用は極めて限定的なものであった。対してロシア・ウクライナ戦争においては、双方が宇宙を作戦に利用していることが確認されており、その使い道も幅広い。

（１）ウクライナによる宇宙の作戦利用

ウクライナがロシアの猛攻に耐えてきた要因の一つとして、宇宙を効果的に作戦に活用できていることが挙げられるだろう。もっとも、ウクライナが作戦に利用できる自国衛星は極めて少ない。確かに旧ソビエト連邦時代のウクライナは連邦内における宇宙産業の中心地の一つであり、衛星打上げ用ロケットの開発・製造に関しては高い技術力を有していた。ソ連崩壊後もウクライナは引き続き衛星打上げ用ロケットの開発・製造においては優れた能力を維持してきた。

他方で、ウクライナは衛星の開発や運用という点では限られた活動しか行ってこなかった。2022年4月末時点でウクライナが保有・運用していた衛星は官民あわせて2機のみという状況で[3]、うち1機はキーウ国立工科大学とアマチュア無線団体が作成した実験用の超小型衛星であり、もう1機はウクライナ政府の地球観測衛星（分解能約8メートル、すなわち撮像対象がそれ以上の大きさでなければ判別できない）であった。また2023年1月にはキーウ国立工科大学の超小型衛星が新たに打上げられたが、作戦に利用できるウクライナ自らの衛星が存在しないに等しいという状況に変わりはない。

それにもかかわらず、ウクライナがロシアとの戦争に宇宙を活用できているのは、他国の政府や企業が提供する各種の宇宙関連機能やサービスを利用可能な状況にあるためである。これらは米国政府などが支援の一環として提供したり、ウクライナ政府が外国企業に直接要請したりすることで利用できている。

ウクライナ軍の作戦における宇宙システムの用途は、①自軍や敵軍の位置を測定したり、位置の測定に基づいて航空機やミサイルなどを目標地点まで導いたりすることを指す測位・航法、②敵軍の動向を把握するための情報収集、③部隊間や部隊内で情報を共有するために必要となる通信などに至るまで幅広く、同軍の作戦遂行上、欠かせないものとなっている。[4]

このうち測位・航法に関しては、米国のＧＰＳが大きな役割を果たしている。これは米軍から供与される装備品の中に、ＧＰＳの受信機が組み込まれている結果でもある。米国が２０２３年２月24日までにウクライナに約束した支援品リストには、ハイマースなどから発射する誘導ロケット弾であるＧＭＬＲＳ（Guided Multiple Launch Rocket System）や、航空機から投下する誘導爆弾であるＪＤＡＭ－ＥＲ（Joint Direct Attack Munition-Extended Range）、対艦ミサイルのハープーン、戦車のＭ１エイブラムス、ドローンであるスイッチブレードやスキャンイーグルなど、ＧＰＳを活用するものが多数含まれている。[5]

また、米国以外の国や団体がウクライナに提供している装備品（例えばトルコ製無人航空機であるバイラクタルＴＢ２やドイツ製戦車のレオパルト２）や、ウクライナ自身が開発した兵器（例えば長射程の誘導ロケット弾であるヴィリハＭ）にもＧＰＳ受信機が内蔵されている場合がある。[6]

興味深いのは、ウクライナ軍がＧＰＳ以外の衛星測位システムも利用している可能性があることである。ウクライナ軍が多用していることで知られる中国の大疆創新科技有限公司（ＤＪＩ社）製のドローンは、米国のＧＰＳと中国の北斗、欧州連合のガリレオ、機種によってはロシアのグロナスにも対応している[7]。

これらの装備品や機器は、外部からの信号に依存しない慣性航法装置などを併用している場合が多い。しかしＧＰＳは慣性航法装置よりも高い精度で測位・航法を行うことができる。加えて、米国の支援品リストにはレーザー誘導弾も含まれているが、レーザー誘導はＧＰＳ誘導より高精度であり移動目標にも対応可能である一方で悪天候下では使用が制約される。この点、ＧＰＳ誘導は攻撃目標の座標さえ分かれば、いかなる天候下でも正確に目標を攻撃できるという特色がある[8]。

ＧＰＳ誘導弾の効果が顕著に表れたのが、ハイマースによる攻撃である。米国から供与されたハイマースが２０２２年夏にロシア軍の攻勢を押しとどめる上で大きな役割を果たしたと指摘されている[9]。これは同兵器から発射されたＧＭＬＲＳがＧＰＳ誘導により正確に目標に着弾したためであると言うこともできる。

ウクライナ軍による宇宙の作戦利用は測位・航法にとどまらない。ロシア軍の動向を把握するための情報収集活動においても、ドローンなどと並び宇宙システムが重要な役割を担っている。現状、宇宙からの偵察ではドローンのように目標をリアルタイムで監視したり追尾したりすることは難しいが、ドローンでは困難な敵陣の奥深くやロシアやベラルーシ領内の敵情を探ることが可能である。

中でも画像情報の収集に、ウクライナが商業衛星画像を利用していることはよく知られている[10]。前記した米国の支援品リストにも商業衛星画像サービスが挙げられている。米国の情報機関はロシアによる全面侵略が始まるまでにウクライナを撮影した光学画像の購入を2倍以上に増加させ、契約した企業から直接ウクライナに光学画像を供給する手筈も整えた[11]。また米国の情報機関が、企業から購入したレーダー衛星画像もウクライナに供給していることに注目する必要がある[12]。レーダー衛星には曇天や夜間でも撮像できるという特性があるため、光学衛星を利用できない気象条件や時間帯にも情報収集を実施できる。レーダー衛星画像についてはウクライナ政府もその重要性を認識し、自ら外国企業に提供を要請してきた。ミハイロ・フェドロフ副首相兼デジタル変革担当大臣は複数の外国企業に宛てた書簡（２０２２年３月１日付）において、とりわけ夜間におけるロシア軍の行動を把握するためにレーダー衛星画像が必要であることを強調している[13]。

ウクライナへの協力が明らかになっている企業としては、高分解能画像を撮像可能な大型の光学衛星数機を運用する米国のマクサー・テクノロジーズ社や、小型光学衛星を多数運用し高頻度観測を行う米国のプラネット・ラブズＰＢＣ社やブラックスカイ・テクノロジー社、大型レーダー衛星を運用するカナダのマクドナルド・デトワイラー・アソシエイツ社、多数の小型レーダー衛星で高頻度観測を行うフィンランドのアイサイ社などがある。

ただし、大量の衛星画像を入手できたとしても、それらを有効に活用できなければ意味がない。こうした観点において特筆に値するのは、ウクライナ軍が人工知能を用いた情報収集・戦闘管理用のソフトウェアを用いていることである。米ワシントン・ポスト紙によれば、デジタル地図上に商業衛星画像などで捉えた敵部隊の情報を表示し、さらには攻撃手段の選択や戦果の評価まで実施できる米国パランティア・テクノロジーズ社製のソフトウェアがウクライナ軍によって利用されている[14]。同社のソフトウェアは北大西洋条約機構（NATO）諸国でも使用されており、ウクライナ軍に対する緊密な情報提供とターゲティングの支援に役立てられている[15]。

このようなソフトウェアなしには、数多くの衛星画像などの中から目標を発見して攻撃し、さらには攻撃の成否を確認して次の攻撃につなげるという一連の手順（キルチェーン）を限られた時間の中で踏んでいくことは現実的でないだろう。ただし、現状における衛星画像の役割は弾薬集積所といった固定目標の情報収集が中心であると考えられる。戦車のような移動目標については、衛星画像でおおよその動向を把握できる可能性はあるが、ドローンなどでなければリアルタイムでの探知・追尾は難しい。

ウクライナ軍はさらに、作戦遂行に必要な通信を宇宙システムに大きく依存している。ロシアの全面侵略が始まる前からウクライナ軍は米国のヴァイアサット社が提供する静止衛星通信サービスを利用していたが、このサービスの利用はロシアによるサイバー攻撃によって一時的にせよ不可能となった。[16] こうした状況下において、フェドロフ氏がスペース・エクスプロレーション・テクノロジーズ（スペースX）社のイーロン・マスク氏（最高経営責任者・最高技術責任者・会長）に対してスターリンクのユーザー端末を提供するようにツイッター上で要請した。これを受けてマスク氏はウクライナにおけるスターリンクのサービスを開始するとともにユーザー端末をウクライナに送付したのであった。スターリンクのユーザー端末はスペースX社による寄付に加えて、米国政府などによる支援、さらにはウクライナの政府や個人が購入することで戦場での利用が可能となっている。

ブロードバンドで遅延が少ないスターリンクは、戦場において欠かせない存在となっている。英エコノミスト誌は「スターリンクは我々にとって酸素である」、もし使用できなくなれば「我々の軍隊は瓦解するだろう」というウクライナ軍兵士の言葉を紹介している。[17]

先のパランティア・テクノロジーズ社製ソフトウェアを用いたキルチェーンは、スターリンクを介した部隊間での情報共有によって支えられている[18]。前線のウクライナ兵はスターリンクを通じて、収集した目標情報をアップロードしたり、攻撃目標に関する情報をダウンロードしたりしているのである[19]。湾岸戦争を契機として一般の兵士がＧＰＳを直接利用する時代が到来したが、ロシア・ウクライナ戦争を通じて衛星通信もまた一般の兵士にとって身近な存在になり始めたと言えるだろう[20]。

なお、２０２３年2月にスペースX社のグウィン・ショットウェル氏（社長・最高執行責任者）は、ウクライナ軍がスターリンクを同軍の通信に用いることは問題ないとの認識を示す一方で、攻勢目的に使用されることは本意ではないとの考えを表明した[21]。ショットウェル氏は同時に、ウクライナ軍がスターリンクを攻勢目的に使用できないようにする措置を取ったことを明らかにした。もっとも、ショットウェル氏の発言後もウクライナ軍によるスターリンクの利用に深刻な影響は生じていないと報じられている[22]。

これまで見てきた通り宇宙はウクライナ軍の作戦に深く組み込まれており、測位・航法、情報収集、通信のいずれの使い道においても重要な役割を果たしている。例えば戦局に大きな影響を与えてきたハイマースの運用を例にとってみた場合、攻撃目標の発見に衛星画像が貢献し[23]、目標情報の共有に衛星通信が使われ、ハイマースから発射されたロケット弾の精密誘導にＧＰＳが用いられていると考えられる。

（2）ロシアによる宇宙の作戦利用

　それではロシアによる宇宙の作戦利用は、どのような状況にあるのだろうか。ロシアは世界で初めて衛星の打上げに成功した国であり、冷戦期においては米国と並ぶ宇宙超大国であった。核攻撃を念頭に置いた目標情報の収集や核戦力の指揮・統制といった戦略レベルでの宇宙利用においては、米国とともに長い歴史を有している。さらに２０１５年のシリアにおける作戦では、宇宙を偵察に活用していることを誇示するとともに、ロシア版の衛星測位システムであるグロナスを巡航ミサイルや爆弾の誘導に用いたり、衛星通信を指揮・統制に用いたりした[24]。

　衛星の数もロシアの方がウクライナよりも圧倒的に多い。２０２２年4月末時点における衛星の保有・運用数は、ウクライナの2機に対してロシアは１７２機（測位衛星28機、観測衛星34機、通信衛星87機、早期警戒衛星5機、技術開発衛星7機、科学衛星11機）であった[25]。

　これらの衛星が実際にどれだけウクライナでの作戦に利用されており、また、どのようにロシア側の作戦に役立てられているのかという点については関連する公開情報が極めて少ない。そのためロシア側による宇宙の作戦利用を分析することは容易でないが、ウクライナ軍と同じく作戦遂行に必要な①測位・航法、②情報収集、③通信に宇宙を利用してきたことは間違いないだろう[26]。

ロシアは以前から部隊の行動や弾薬の精密誘導にグロナスを利用しており[27]、ウクライナにおける作戦でも使用していると考えられる。例えばロシア軍がウクライナへの攻撃に用いている巡航ミサイルのカリブルやＫＨ－１０１は、慣性航法装置などとともにグロナスを誘導に用いる。

興味深いのは、一般に開放されている民生用のＧＰＳ信号などをロシア軍が部分的にせよ利用しているとみられることである。ウクライナに墜落したＳｕ－34戦闘爆撃機の操縦席からはＧＰＳ受信機が発見されている[28]。加えてロシア軍がウクライナで使用している軍用ドローンのオルラン10には、ＧＰＳ信号にも対応した受信機が内蔵されていることが分かっている[29]。さらにロシア側もＤＪＩ社製のドローンをウクライナで用いているが[30]、同社製のドローンはＧＰＳをはじめとする複数の衛星測位システムに対応していることは既述の通りである[31]。

ロシア軍はウクライナ側の動向を把握するために宇宙からの偵察も行っている。もっとも、ロシアは長年にわたり高分解能な光学偵察衛星とレーダー偵察衛星の不足に悩まされてきた。[32] そのため地球観測用の民生衛星や商業衛星もウクライナでの情報収集に用いられている。[33] ロシアの民間軍事会社であるワグネルもまた、別のロシア企業を通じて中国企業からレーダー衛星画像を購入していると指摘されている。[34]

　加えて、ロシア軍はウクライナでの指揮・統制に必要な通信にも軍事衛星や民生衛星を利用している。[35] ２０１９年にロシアの中央軍管区に配備されたばかりの衛星通信端末オーリガ１・２Ｖがウクライナで使用されているようである。ただし、ウクライナでの作戦に利用可能な衛星通信の帯域は十分と言えず、オーリガ１・２Ｖについても端末の数が限られており一部の部隊でのみ利用されているとみられている。[36] こうしたロシア側の状況は、スターリンクの通信端末を数万の単位で提供されているウクライナ側の状況とは対照的である。[37]

　これまで見てきた通り、ウクライナとロシアの双方が宇宙を作戦に利用している。大規模戦争で両者がこのように多岐にわたる用途で宇宙システムを用いるのは初めてのことである。ただし、ロシア軍による宇宙利用は、ウクライナでの作戦をより効果的に実施することに貢献しているとは言い難い状況にある。そもそもロシア軍はウクライナへの全面侵略を開始する前から、宇宙利用に過度に依存することは潜在的な脆弱性をもたらすとして避けてきたといわれる[38]。

それでもなお、自前の衛星をほとんど有していないウクライナが宇宙を作戦に幅広く利用できていることを考えれば、依然として世界有数の宇宙大国であるロシアによる宇宙の作戦利用が低調であるとみられることは目を引くものがある。別の見方をすれば、商業宇宙サービスこそがウクライナとロシアによる宇宙の作戦利用に顕著な差異をもたらしている。他方で、こうした宇宙の作戦利用は、宇宙利用をめぐる攻防につながっている。

2. ロシア・ウクライナ戦争における宇宙利用をめぐる攻防

ロシア・ウクライナ戦争では、双方が作戦遂行に必要な測位・航法や情報収集、通信に宇宙を活用しているのみならず、宇宙利用を妨害し合っている。過去の戦争においても宇宙利用への妨害自体は発生してきた。１９９１年の湾岸戦争では多国籍軍がイラクの使用していた衛星通信用アンテナを空爆で破壊した。２００３年のイラク戦争ではイラクがＧＰＳへのジャミングを試みた。だが、これらは基本的に一方的なものであり、双方が宇宙利用を妨害し合うという状況にはなかったとみられる。対して、ロシア・ウクライナ戦争ではロシアとウクライナの双方が互いの宇宙利用を妨げようとしているという点に特色がある。

本稿執筆時点で明らかになっている両国が用いている妨害手法は、宇宙システムへのサイバー攻撃と電子攻撃である。攻撃対象という観点では、宇宙システムを構成する三つのセグメントのうち地上セグメントとリンクセグメントが標的とされていることが公になっている。それに対して衛星破壊といった宇宙セグメントへの攻撃は確認されていない。

またロシアは全面侵略の当初からウクライナによる宇宙利用を妨げようとしてきたが、1年以上が経過した現在でもウクライナは宇宙利用を継続できている。このことは宇宙システムのレジリエンスや防護が重要であることを示している。

（1）宇宙システムへのサイバー攻撃

ロシア・ウクライナ戦争の始まりをいかに定義するかにもよるが、同戦争は宇宙システムへのサイバー攻撃によって始まったとみなすこともできる。従来から次の大規模戦争は宇宙とサイバー空間から始まるといわれてきたが、ロシア・ウクライナ戦争の戦端はこれらの領域を掛け合わせた場所で開かれた。

具体的には、米国ヴァイアサット社の静止衛星であるKA-SATを用いた通信システムへのサイバー攻撃であった[39]。ロシアが地上侵攻を始める直前に地上セグメントのうちユーザー端末（モデム）へのサイバー攻撃が起きた。その結果、軍や治安機関を含むウクライナの利用者数千人とその他欧州の利用者数万人に影響が生じた[40]。

被害を被ったユーザーはモデムの交換を余儀なくされることになり、2カ月以上が経過した5月時点でも数千の顧客が利用を再開できない状況に置かれた[41]。同月にアントニー・ブリンケン米国務長官は欧州連合などとの共同調査に基づき、このサイバー攻撃はロシアがウクライナの指揮・統制を妨害するために行ったものであるとの声明を発表している[42]。

加えて、ウクライナ軍が使うスターリンクもサイバー攻撃を受けてきたとみられる。マスク氏は２０２２年5月11日付のツイートで、スターリンクをジャミング及びハッキングしようというロシアの試みに対して今のところは耐えているが、ロシアは攻撃を強化していると述べた。

ただし、マスク氏はどのようなサイバー攻撃を受けているのか詳細を公にしていない。KA-SATを用いた通信システムへの攻撃と同じように地上セグメントを対象とするものなのか、その場合、ウクライナ軍が使用しているユーザー端末が標的となっているのか、それともウクライナの周辺国にあるゲートウェイ局（地上のインターネットへの出入口）が攻撃を受けているのか、あるいは米国にある衛星の管制施設が対象となっているのか、はたまた、これら全てが狙われているのかも定かではない。さらに宇宙セグメント、すなわち衛星がサイバー攻撃の対象となっている可能性もあるが、今のところ確認できる情報はない。いずれにせよ、スペースX社はスターリンクに対するサイバー攻撃に耐え、ウクライナでのサービスを1年以上にわたって継続している。

一方で、ウクライナ側もロシアの宇宙システムに対するサイバー攻撃を試みているようである。フェドロフ氏はロシアによる全面侵略を受けてＩＴ軍を創設すると発表し、国内外の有志に参加を要請した。ＩＴ軍は２０２２年3月に最優先目標の一つとしてグロナスを指定し、国内外のハッカーに攻撃を呼びかけた[43]。もっとも、グロナスへのサイバー攻撃がどのように実施され、どのような効果があったのかは今のところ明らかとなっていない。

（2）宇宙システムへの電子攻撃

ロシア・ウクライナ戦争では宇宙システムへの電子攻撃[44]も展開されている。ロシアは従来から高い電磁波作戦能力を有してきたとみられており、全面侵略を始める前からウクライナ東部で宇宙システムのリンクセグメントに対する攻撃を行ってきた。具体的にはＧＰＳのダウンリンク（衛星からユーザー端末に向けた信号）へのジャミングやスプーフィング（偽信号の送信）を実施してきた[45]。こうした攻撃によりウクライナは２０１５年から２０１７年にかけて、ＧＰＳに航法を依存するドローンを１００機ほど失ったといわれる[46]。

２０２２年の全面侵略は宇宙システムへのサイバー攻撃により幕を開けたことは前述の通りであるが、侵略が始まる直前にベラルーシとの国境沿いでＧＰＳ干渉も発生していた[47]。その後もロシア軍は、ウクライナ軍が使用するドローンを無力化するためにR-330Zh ジーチェリといった電子攻撃システムでＧＰＳへのジャミングを行ってきた[48]。ロシアはさらに、ウクライナ軍によるロシア領内へのドローン攻撃を警戒して、国内でのＧＰＳジャミングとスプーフィングを強化している[49]。

こうしたジャミングやスプーフィングはウクライナ軍によるドローンなどの運用に一定の影響を与えている一方で[50]、ウクライナ軍によるＧＰＳ利用を完全に妨げているわけではない。ロシアによるＧＰＳ妨害の烈度は時期や地域によって異なり、またＧＰＳ妨害がどの程度の影響をもたらすかはウクライナ軍が用いている兵器の種類や運用方法によっても異なると考えられる。

ロシアは加えて、ウクライナ軍が使用する衛星通信へのジャミングを実施してきた可能性がある。前記の通りマスク氏は２０２２年５月のツイートで、スターリンクをジャミング及びハッキングしようとロシアが試みていることを明らかにしている。こうしたジャミングに対してスペースＸ社はソフトウェアを更新することでしのいできたとされる[51]。

電磁波領域での攻防も一方的なものではなく、ウクライナ軍もロシア側の宇宙利用を妨げるために電子攻撃を行っている。ウクライナは米国から供与された対ドローンシステムによって数百機にのぼるロシアのドローンを墜落させてきたとされるが、こうした兵器にはＧＰＳジャミングを用いるものがある[52]。米国の支援品リストに挙げられている電子ジャミング装置には[53]、ＧＰＳやグロナスへのジャミングを実施可能なものが含まれていることも考えられる。

（３）外交・経済的手段による宇宙利用の妨害

ロシア・ウクライナ戦争で用いられている宇宙利用の妨害手段は、サイバー攻撃や電子攻撃にとどまらない。ロシアとウクライナは外交的手段なども用いて互いの宇宙利用を妨げようとしてきた。

ロシア政府はウクライナで民生・商業衛星が軍事利用されていることを繰り返し非難してきた。例えば２０２２年９月に開催された国連の会合でロシアのコンスタンチン・ボロンツォフ政府代表は、ウクライナにおける米国とその同盟国による商業インフラを含む民生宇宙インフラの軍事利用は、宇宙技術の無害な利用から逸脱しており、軍事紛争への間接的関与となり得るものであると述べた[54]。ボロンツォフ氏はさらに、「疑似民生インフラ」(quasi-civilian infrastructure)は合法的な報復対象となる可能性があると同会合で言及した。こうした発言は外国企業がウクライナに宇宙サービスを提供することを躊躇させる狙いがあるとみられる。

もっとも、上述した通りロシアは、米国企業であるヴァイアサット社やスペースX社の宇宙システムに対してすでに攻撃を行っている。さらにロシア側は米国などを非難する一方で、自分たちも商業衛星画像をウクライナでの作戦に利用していることは前記の通りである。

対するウクライナ側もフェドロフ氏が衛星画像販売企業に宛てた前記の書簡（２０２２年3月付）において、ロシアとベラルーシの軍事作戦を支援し得る活動を止めるように求めている。ウクライナを支援する米国も、ワグネルの作戦に使われるレーダー衛星画像を提供していた中国企業に制裁を科すと2023年1月に発表した。[55] このようなウクライナや米国の取り組みも企業がロシアに対して衛星画像を提供することを阻止する意図がある。

（4）宇宙システムのレジリエンスと防護

　ロシアによる度重なる宇宙システムへの妨害にもかかわらず、ウクライナが宇宙の作戦利用を全面侵略の始まりから1年以上が経過した現在でも続けていることは注目に値する。宇宙は攻勢優位の領域であり、次の大規模戦争では開戦劈頭《へきとう》に大規模な対宇宙攻撃が起き、宇宙利用ができない状況で陸海空での戦闘に突入するというシナリオが米国などで懸念されてきた。これは「宇宙のない日」（a day without space）が到来するという想定であるが、[56] 今のところウクライナにそうした日は到来していない。

　このことは作戦遂行に必要な宇宙機能（例えば測位・航法や情報収集、通信）を維持するためのレジリエンスや防護が重要であることを示している。ウクライナ軍はロシアのサイバー攻撃によりKA-SATの利用ができなくなった一方で、新たにスターリンクを利用することが可能となった。[57] スターリンクもサイバー攻撃や電子攻撃を受けているとみられるが、そうした攻撃に耐えている。スペースX社がソフトウェアの更新でスターリンクへのジャミングに対応していることについて、米国防省国防長官府のデイビッド・トレンパー電子戦部長は米軍も見習う必要があると述べているほどである[58]。

さらに、ウクライナが複数国の複数社の衛星画像を利用可能であることは、仮にある企業の衛星画像を入手できなくなった場合でも別企業から類似画像を入手できることを意味している。そして、ＧＰＳやプラネット・ラブズＰＢＣ社、スターリンクの衛星群はそれぞれ数十機、数百機、数千機の衛星で構成されていることから、今後、一部の衛星が無力化された場合でもサービスを継続できる[59]。

3．ロシア・ウクライナ戦争における宇宙の軍事的役割と東アジアへの示唆

それでは全面侵略の始まりから約1年間を振り返った場合、宇宙システムはどのような軍事的役割を担ってきたと言えるのだろうか。また、東アジアにおける今後の軍事宇宙活動を考える上で、どのような示唆があるのだろうか。

(1) ロシア・ウクライナ戦争における宇宙の軍事的役割

ロシア・ウクライナ戦争において宇宙システムは、陸海空の戦力を強化するフォース・

マルチプライヤーとしての役割を果たしている。とりわけウクライナ軍は宇宙を活用することで、陸海空での戦闘をより効果的に実施できている。

　別の見方をすれば、宇宙システムの役割は陸海空の戦力が存在することが前提である。現状、陸海空の目標やミサイルを攻撃・迎撃する宇宙配備型兵器は存在しない[60]。従って、宇宙システムのみで戦争の帰《き》趨《すう》を決定付けることはできず、最終的には陸海空における戦闘が戦争の帰趨を左右することに変わりはない。そうした戦闘で、限られた戦力をより効果的に活用することを可能とするのが宇宙システムの役割である。

　さらに言えば、宇宙システムがフォース・マルチプライヤーにとどまっている限り、宇宙システムを攻撃する兵器である対宇宙能力（counterspace capabilities）が戦争の帰趨に与える影響にも限界がある。敵の宇宙システムを無力化しても、陸海空の戦力が残存していれば戦争は終わらない可能性が高い。

　ただし、だからと言って対宇宙能力の研究・開発や配備、使用が今後低調になるかと言えばそうではないだろう。戦争の帰趨を左右する能力は総合的な観点においては限定的であるが、地球上での戦いをより効果的に行うことを可能にするという点で宇宙システムの役割は幅広く認知されるようになっている。そのため、対宇宙能力の研究・開発や配備、使用もこれまで以上に行われるようになると考えられる。

(2) 東アジアへの示唆

これまで見てきた通りロシア・ウクライナ戦争では、世界有数の衛星運用国であるロシアのみならず、自らはほとんど衛星を運用していないウクライナまで宇宙を作戦に利用している。このことは紛争当事国の双方が宇宙を当然のごとく戦いに活用する時代が到来したことを意味している。

また、ウクライナ側による宇宙の作戦利用が米軍の宇宙システムのみならず商業宇宙サービスによって支えられている点も重要である。「初の商業宇宙戦争」と呼ばれるほど、商業宇宙サービスの軍事的役割はロシア・ウクライナ戦争を通じて広く認知されるようになった。このため先々の紛争においても商業宇宙サービスはより活発に利用されると見込まれる。

加えて、宇宙システムへの攻撃をロシアとウクライナの双方が行っている点にも注目する必要がある。今後も宇宙利用をめぐる攻防は生起すると考えなければならない。そうした攻防の一環として商業宇宙システムへの妨害も十分にあり得る。従って、これまで以上に宇宙システムのレジリエンスや防護に注力することが宇宙の作戦利用を行う前提として重要となってくる。

同時に、東アジアへの示唆を考える場合は、地域の状況を考慮することが求められる。中国はすでにロシアを抜いて米国に次ぐ数の衛星を保有・運用している（２０２２年４月末時点で、米国は３４３３機、中国は５４１機、ロシアは１７２機）[61]。

北斗の衛星群は中国の艦艇や航空機（無人機を含む）の航法や弾薬の精密誘導に使われる。遥感の衛星群は、対艦弾道ミサイルなどの運用を行う前提として、米空母打撃群などの位置を把握するために使われるとみられる。衛星通信は中国の艦艇や航空機（無人機を含む）の指揮・統制に利用される。このように中国の宇宙システムは、米国などによる軍事介入を阻止する上で重要な役割を果たす。仮に台湾海峡で有事が起きれば、中国はロシア・ウクライナ戦争におけるロシアよりも大規模な宇宙の作戦利用を行うだろう。

さらに、中国は世界最高水準の対宇宙能力を有している。これまでのところ中国が実際の衛星破壊を伴う実験を行ったのは２００７年の１回のみだが、中国は同実験後も同じ種類の衛星破壊ミサイルの発射試験を繰り返し、すでに実戦配備をしていると考えられている。また、宇宙システムに対する電子攻撃やサイバー攻撃を行う能力も保有しているとみられている。これらの対宇宙能力も米国などが台湾海峡有事に軍事介入することを妨げるために使われる可能性がある。有事が起きた場合、中国はロシア・ウクライナ戦争でのロシアよりも活発に宇宙システムへの攻撃を行うことを想定しなければならない。

台湾海峡の現状が軍事力で変更されることを阻止するためには、第1に、現状維持側である米国なども陸海空での作戦をより効果的に実施するために、宇宙システムの活用を強化していく必要がある。その際、ウクライナ軍の作戦に大きく貢献している商業宇宙サービスをどのように組み込んでいくかという点も重要な考慮事項になる。第2に、台湾海峡の現状変更を目的とした作戦に宇宙システムが利用されることを妨げるために、現状維持側も対宇宙能力を強化する必要がある[62]。第3に、宇宙システムへの攻撃を受ける中でも宇宙の作戦利用を継続できるように、宇宙システムのレジリエンスや防護の強化に取り組むことが求められる。その一環として商業宇宙システムへの妨害に対する備えを官民で連携して進めなければならない。

註

(1) この点については下記を参照。福島康仁『宇宙と安全保障――軍事利用の潮流とガバナンスの模索』（千倉書房、２０２０年）第Ⅰ部。

（2）Sandra Erwin, “Drawing Lessons from the First ‘Commercial Space War’,” *SpaceNews*, May 20, 2022. https://spacenews.com/on-national-security-drawing-lessons-from-the-first-commercial-space-war/.

（3）Union of Concerned Scientists, “UCS Satellite Database,” published December 8, 2005, updated May 1, 2022. https://www.ucsusa.org/resources/satellite-database.

（4）測位・航法、情報収集、通信に加えて、ウクライナ軍は気象観測やミサイルの発射探知にも宇宙を利用している可能性がある。

（5）Joe Gould, “US Pledges Longer-Range ‘Small-Diameter Bomb’ for Ukraine,” *Defense News*, February 2, 2023. https://www.defensenews.com/pentagon/2023/02/03/us-pledges-longer-range-small-diameter-bomb-for-ukraine/; U.S. Department of State, “U.S. Security Cooperation with Ukraine,” February 20, 2023. https://www.state.gov/u-s-security-cooperation-with-ukraine/; Anthony Capaccio, “US Is Giving Ukraine a Long-Range GPS-Guided Bomb That Can Hit Targets Miles Away,” *Bloomberg*, February 21, 2023. https://www.bloomberg.com/news/articles/2023-02-21/boeing-to-provide-ukraine-long-range-version-of-gps-guided-bomb; U.S. Department of Defense, “Fact Sheet on U.S. Security Assistance to Ukraine,” February 24, 2023. https://media.defense.gov/2023/Feb/24/2003167682/-1/-1/1/UKRAINE-FACT-SHEET-FEB-24.PDF.

（6）Howard Altman, “Ukraine Is Using Guided Rockets With More Range Than HIMARS-Launched Ones,” *The Drive*, March 1, 2023. https://www.thedrive.com/the-war-zone/ukraine-is-us

ing-guided-rockets-with-more-range-than-himars-launched-ones.

（7） Sam Skove, "'Black Swan': Starlink's Unexpected Boon to Ukraine's Defenders," *Defense One*, March 1, 2023. https://www.defenseone.com/technology/2023/03/black-swan-starlinks-unexpected-boon-ukraines-defenders/383514/; DJI, "Matrice 30 Series: Specs." https://www.dji.com/matrice-30/specs; DJI, "DJI Mavic 3: Specs." https://www.dji.com/mavic-3/specs.

（8） 航空機からＧＰＳ誘導弾を投下する場合は、当然ながら航空機を運用可能な天候である必要がある。

（9） 小泉悠『ウクライナ戦争』（ちくま新書、２０２２年）電子版。

（10） 画像情報の収集以外にも、通信やレーダー波といった信号情報を収集する活動もある。米国の情報機関はウクライナでの信号情報の収集に米国のスタートアップであるホークアイ３６０社のサービスを利用している。こうした信号情報が直接的あるいは間接的にウクライナ軍によって利用されていることも考えられる。Frank Wolfe, "HawkEye 360 Plans to Have 60 Satellites on Orbit by 2025," *Via Satellite*, October 5, 2022. https://www.satellitetoday.com/imagery-and-sensing/2022/10/05/hawkeye-360-plans-to-have-60-satellites-on-orbit-by-2025/.

（11） Sandra Erwin, "As Russia Prepared to Invade, U.S. Opened Commercial Imagery Pipeline to Ukraine," *SpaceNews*, April 6, 2022. https://spacenews.com/as-russia-prepared-to-invade-u-s-government-and-satellite-imagery-suppliers-teamed-up-to-help-ukraine/.

（12） Ibid.

（13） フェドロフ氏のツイート、２０２２年３月１日。

（14） David Ignatius, "How the Algorithm Tipped the Balance in Ukraine," *The Washington Post*,

December 19, 2022. https://www.washingtonpost.com/opinions/2022/12/19/palantir-algorithm-data-ukraine-war/; Alexander C. Karp, "Software and War: A Letter from the Chief Executive Officer," Palantir Technologies Inc., December 30, 2022. https://www.palantir.com/newsroom/letters/letter-from-the-ceo/software-and-war/.

（15）Ignatius, "How the Algorithm Tipped the Balance in Ukraine."

（16）なお、ロシアによるサイバー攻撃後、KA-SATを用いた通信システムの利用をウクライナ軍がどの程度再開しており、どのような用途に使用しているのかは定かでない。

（17）"How Elon Musk's Satellites Have Saved Ukraine and Changed Warfare," *The Economist*, January 5, 2023. https://www.economist.com/briefing/2023/01/05/how-elon-musks-satellites-have-saved-ukraine-and-changed-warfare.

（18）Ignatius, "How the Algorithm Tipped the Balance in Ukraine."

（19）Ibid.

（20）詳細は不明であるが、ウクライナ軍はスターリンク以外の衛星通信も使用している。米国政府は２０２２年10月に、国防省が保管していた衛星通信用アンテナを４基提供すると発表した。U.S. Department of Defense, "Sabrina Singh, Deputy Pentagon Press Secretary, Holds a Press Briefing," October 28, 2022. https://www.defense.gov/News/Transcripts/Transcript/Article/3204013/sabrina-singh-deputy-pentagon-press-secretary-holds-a-press-briefing/.

（21）Jeff Foust, "Shotwell: Ukraine 'Weaponized' Starlink in War against Russia," *SpaceNews*, February 8, 2023. https://spacenews.com/shotwell-ukraine-weaponized-starlink-in-war-againstrussia/.

(22) Matthew Luxmoore, "Soldiers in Ukraine Say Some Drones Affected After SpaceX Limits Starlink," *The Wall Street Journal*, February 10, 2023. https://www.wsj.com/articles/soldiers-in-ukraine-say-some-drones-affected-after-spacex-limits-starlink-321a9dd7.

(23) 小泉『ウクライナ戦争』電子版。

(24) 小泉悠『現代ロシアの軍事戦略』（ちくま新書、２０２１年）電子版；福島『宇宙と安全保障』64頁。

(25) Union of Concerned Scientists, "UCS Satellite Database."

(26) ロシアもまた、ウクライナでの作戦に必要な気象観測やミサイル探知に宇宙を利用している可能性があるものの詳細は不明である。

(27) Defense Intelligence Agency, U.S. Department of Defense, *Challenges to Security in Space: Space Reliance in an Era of Competition and Expansion*, March 2022, p. 23.

(28) Tracy Cozzens, "Downed Russian Jets Found with GPS Receivers Taped Inside," *GPS World*, May 13, 2022. https://www.gpsworld.com/downed-russian-jets-found-with-gps-receivers-taped-inside/.

(29) Spencer Faragasso, "Russian Military UAV Used in Ukraine Depends on Foreign Parts," Institute for Science and International Security, May 11, 2022, p. 2. https://isis-online.org/uploads/isis-reports/documents/Russian_Military_UAV_Used_in_Ukraine_Depends_on_Foreign_Parts_May_11_2022_Final.pdf.

(30) Benoit Faucon, "Chinese Drones Still Support Russia's War in Ukraine, Trade Data Show,"

The Wall Street Journal, February 18, 2023. https://www.wsj.com/articles/chinese-drones-still-support-russias-war-in-ukraine-trade-data-show-cd39d40b.

（31）　この他、ロシア軍がウクライナへの攻撃に用いたイラン製ドローン（シャヘド136など）からも、GPS受信機が発見されている。Natasha Bertrand, "A Single Iranian Attack Drone Found to Contain Parts from More Than a Dozen US Companies," *CNN*, January 4, 2023. https://www.cnn.com/2023/01/04/politics/iranian-drone-parts-13-us-companies-ukraine-russia/index.html; U.S. Institute of Peace, "Explainer: American Parts in Iranian Drones," March 1, 2023. https://iranprimer.usip.org/blog/2023/mar/01/explainer-american-parts-iranian-drones.

（32）　Pavel Luzin, "Russia's Military Space Program: 2022 Results," *Eurasia Daily Monitor*, Volume 19, Issue 187, December 15, 2022. https://jamestown.org/program/russias-military-space-program-2022-results/.

（33）　Pavel Luzin, "Russia's Space Satellite Problems and the War in Ukraine," *Eurasia Daily Monitor*, Volume 19, Issue 76, May 24, 2022. https://jamestown.org/program/russias-space-satellite-problems-and-the-war-in-ukraine/; Mykhaylo Zabrodskyi, Jack Watling, Oleksandr V. Danylyuk, and Nick Reynolds, "Preliminary Lessons in Conventional Warfighting from Russia's Invasion of Ukraine: February–July 2022," Royal United Services Institute for Defence and Security Studies, November 30, 2022, p. 25. https://static.rusi.org/359-SR-Ukraine-Preliminary-Lessons-Feb-July-2022-web-final.pdf.

（34）　U.S. Department of Treasury, "Treasury Sanctions Russian Proxy Wagner Group as a Transnational Criminal Organization," January 26, 2023. https://home.treasury.gov/news/press-releases/jy1220.

（35） Luzin, "Russia's Space Satellite Problems and the War in Ukraine."

（36） Ibid.; Yuri Lapaiev, "EW Hype? The Reasons Behind the Limited Effectiveness of Russia's Electronic Warfare in Ukraine," *Eurasia Daily Monitor*, Volume 19, Issue 51, April 11, 2022. https://jamestown.org/program/ew-hype-the-reasons-behind-the-limited-effectiveness-of-russias-electronic-warfare-in-ukraine/.

（37） ウクライナに提供されたスターリンクの端末数は２０２２年４月時点で１万機を超えている。ただし、このうちウクライナ軍がどれだけの端末を利用しているのかは明らかになっていない。Kevin Collier, "Starlink Internet Becomes a Lifeline for Ukrainians," *NBC News*, April 29, 2022. https://www.nbcnews.com/tech/security/elon-musks-starlink-internet-becomes-lifeline-ukrainians-rcna25360.

（38） Defense Intelligence Agency, *Challenges to Security in Space*, p. 21.

（39） Viasat, Inc., "KA-SAT Network Cyber Attack Overview," March 30, 2022. https://news.viasat.com/blog/corporate/ka-sat-network-cyber-attack-overview.

（40） Clémence Poirier, "ESPI Short Report 1 - The War in Ukraine from a Space Cybersecurity Perspective," European Space Policy Institute, October 2022, p. 6. https://www.espi.or.at/wp-content/uploads/2022/10/ESPI-Short-1-Final-Report.pdf.

（41） Ibid.

(42) Antony J. Blinken, "Attribution of Russia's Malicious Cyber Activity Against Ukraine," U.S. Department of State, May 10, 2022. https://www.state.gov/attribution-of-russias-malicious-cyber-activity-against-ukraine/.

(43) James Pearson, "Ukraine's 'IT Army' Targets Belarus Railway Network, Russian GPS," *Reuters*, March 3, 2022. https://www.reuters.com/world/europe/ukraines-it-army-targets-belarus-railway-network-russian-gps-2022-03-03/.

(44) 小泉『現代ロシアの軍事戦略』電子版。

(45) 同上；Joseph Trevithick, "Ukrainian Officer Details Russian Electronic Warfare Tactics Including Radio 'Virus'," *The Drive*, October 30, 2019. https://www.thedrive.com/the-war-zone/30741/ukrainian-officer-details-russian-electronic-warfare-tactics-including-radio-virus.

(46) Trevithick, "Ukrainian Officer Details Russian Electronic Warfare Tactics Including Radio 'Virus'."

(47) HawkEye 360, "HawkEye 360 Signal Detection Reveals GPS Interference in Ukraine," March 4, 2022. https://www.he360.com/hawkeye-360-signal-detection-reveals-gps-interference-in-ukraine/.

(48) Bryan Clark, "The Fall and Rise of Russian Electronic Warfare," *IEEE Spectrum*, July 30, 2022. https://spectrum.ieee.org/the-fall-and-rise-of-russian-electronic-warfare.

(49) Dana Goward, "Ukraine Attacks Changed Russian GPS Jamming," *GPS World*, December 20, 2022. https://www.gpsworld.com/ukraine-attacks-changed-russian-gps-jamming/.

(50) Yaroslav Trofimov, "Ukraine's Drone Spotters on Front Lines Wage New Kind of War," *The Wall Street Journal*, August 7, 2022. https://www.wsj.com/articles/ukraines-drone-spotters-on-front-lines-wage-new-kind-of-war-11659870805; Sam Skove, "Using Starlink Paints a Target on Ukrainian Troops," *Defense One*, March 23, 2023. https://www.defenseone.com/threats/2023/03/using-starlink-paints-target-ukrainian-troops/384361/.

(51) Valerie Insinna, "SpaceX Beating Russian Jamming Attack Was 'Eyewatering': DoD Official," *Breaking Defense*, April 20, 2022. https://breakingdefense.com/2022/04/spacex-beating-russian-jamming-attack-was-eyewatering-dod-official/.

(52) Clark, "The Fall and Rise of Russian Electronic Warfare."

(53) U.S. Department of State, "U.S. Security Cooperation with Ukraine."

(54) U.N. Office for Disarmament Affairs, "Statement by the Head of the Russian Delegation K.V.Vorontsov at the Second Session of the Open-Ended Working Group Established Pursuant to UNGA Resolution 76/231," Unofficial Translation, September 12, 2022. https://documents.unoda.org/wp-content/uploads/2022/09/Unofficial-translation-in-English.pdf.

(55) U.S. Department of Treasury, "Treasury Sanctions Russian Proxy Wagner Group as a Transnational Criminal Organization."

(56) Stew Magnuson, "U.S. Forces Prepare for a 'Day Without Space'," *National Defense*, February 1, 2014. https://www.nationaldefensemagazine.org/articles/2014/2/1/2014february-us-forces-prepare-for-a-day-without-space.

（57）　ただし、KA-SATと同じ用途で、ウクライナ軍がスターリンクを使用しているかは定かでない。また、スターリンクのみに依存することもレジリエンスという観点では望ましくない。
（58）　Insinna, “SpaceX Beating Russian Jamming Attack Was ‘Eyewatering’: DoD Official.”
（59）　もっとも、こうした衛星群のレジリエンスも相対的なものであり、少数の大型静止衛星に依存する状況に比べれば、機能の低下が緩やかであることを意味している。
（60）　ただし、ソ連が一時期、地上配備していた部分軌道爆撃システムは地球を周回する軌道に乗った後に完全に地球を一周する前に再突入して地上目標を攻撃する兵器であったが、原理上、地球を一周以上させた上で再突入させることも可能であった。このため潜在的な宇宙配備型地上攻撃兵器はかつて存在していたと言うこともできる。また、米国防省は中露が部分軌道爆撃システムと宙対地兵器（space-to-ground weapons）を開発する可能性に関心を寄せている。“Defense Policy Board: Notice of Federal Advisory Committee Meeting,” *Federal Register*, August 26, 2022. https://www.federalregister.gov/documents/2022/08/26/2022-18471/defense-policy-board-notice-of-federal-advisory-committee-meeting.
（61）　Union of Concerned Scientists, “UCS Satellite Database.”
（62）　高橋杉雄『現代戦略論——大国間競争時代の安全保障』（並木書房、2023年）191–192、194頁。

第4章
新領域における戦い方の将来像
——ロシア・ウクライナ戦争から見るハイブリッド戦争の新局面

大澤淳

予想外のウクライナの善戦――その秘密

ウクライナ戦争は２０２２年2月24日の開戦から1年が過ぎ、ウクライナ軍が善戦し、予想外の長期戦となっている。開戦直後の首都キーウ攻防戦では、北部のベラルーシ側と東部から首都キーウに迫ったロシア軍を撃退し、5月以降第二の都市ハルキウに迫ったロシア軍の撃退にも成功している。9月に入るとハルキウ州全体で攻勢に転じ、重要拠点イジュームを9月12日に奪回。10月には南部ミコライウ州でも攻勢に転じ、11月には南部の要衝ヘルソン州都ヘルソンを奪還した。その後は冬の訪れとともに戦闘は膠着状態となっているが、東部の要衝バフムトでは、全力を挙げてのロシア軍の攻撃を何度も跳ね返しており、全面的な反撃も近いとされている。

今回ロシア軍は、開戦前の４ヶ月にわたりベラルーシにも駐留し、継続的に軍事演習を実施していた。軍事演習後にウクライナ戦争に投入された部隊の多くは、ウラル以東の東部軍管区や極東軍管区から投入されており、何千キロも移動したあげく、４ヶ月も真冬の大地で訓練を行い、フラフラになった状態で実戦に臨む、という最悪の状況で戦闘をおこなっている。この状態では兵士の士気は限界に近いはずで、ロシア軍の苦戦は、１００年

表１：ロシアとウクライナの国力比較（2021 年時点）

	ロシア	ウクライナ
GDP（US$）	14,900 億ドル	1,040 億ドル
防衛予算（US$）	458 億ドル	42.7 億ドル
現役兵員 （内陸上兵力）	900,000 人 （351,000 人）	196,600 人 （151,600 人）
予備役	2,000,000 人	900,000 人
戦車	3,417 両	977 両
装甲戦闘車両	15,542 両	2,011 両
火砲	5,899 門	1,960 門
作戦航空機	1,391 機	124 機

（出典：IISS　The Military Balance 2022、GDP は世界銀行 Constant 2015 US$ ベース）

以上前にロシアのバルチック艦隊が半年もかけて極東に回航し、フラフラの状態で日本の東郷艦隊と戦って全滅した日本海海戦を彷彿とさせる。

しかし、開戦当初のウクライナ戦争に対する欧米の専門家の大方の見方は、早期にキーウが陥落し、ウクライナが負けるというものであった。アメリカ政府も、開戦直後の3月初旬に、ウクライナのゼレンスキー大統領に対して、国外脱出と亡命政府の樹立を打診したくらいである。

安全保障の専門家がこのような見方をするのは、国家同士の戦いの場合、経済力や軍事力といった国力の差がものをいうからである。ロシアとウクライナの国力を単純に比較した場合、ロシアはウクライナよりも10倍以上も大きく、とても勝負にならないと考えられていた。ちなみに、日本が米国に戦争を仕掛けて敗れた太平洋戦争では、開戦前の日本側の見積もりで、経済力で1：10〜1：20、戦力比でも1：10で日本側が不利と計算されていた。

表1に示したように、経済力でロシアはウクライナの15倍近くあり、防衛予算でも10倍以上ある。陸上の兵力でも3倍以上の差があり、国土防衛戦とはいえ、ウクライナがこれほど善戦するのは、まさに想定外といえる。ロシアも、ウクライナの抵抗を見誤っており、陸上兵力15万人のウクライナに対して、約20万人の陸上兵力で侵攻し、ウクライナにおける軍事作戦を1週間程度で終える事を計画していた。

にもかかわらず、ロシアがウクライナで苦戦している理由は、ロシアの過去の成功体験から来る油断とウクライナ側の新領域を用いた新しい戦い方にある。

ロシアの開戦直後の戦いは、東部のドネツク州・ルハンシク州と南部クリミア半島からの陸上侵攻に加えて、ベラルーシ国境とロシア国境から首都キーウを目指して侵攻し、さらに特殊作戦部隊（スペツナズ）をキーウに潜り込ませ、同時に空挺部隊をヘリコプターと輸送機で投入しキーウ近郊の飛行場を占拠する、という多方面からの同時攻勢作戦であった。

通常、陸上戦闘においては、防御側が有利といわれており、攻撃側は防御側の3倍の兵力を集中して攻撃を行うのが常道といわれている。ところが、ウクライナ戦争では、ロシアは兵力を分散させ、早期にウクライナの首都キーウを陥落させることを目標としていた。ではなぜ、ロシアは攻撃の常道を無視して侵攻し、短期に戦闘が終結すると想定したのであろうか。

ロシアの誤算を導いたクリミアの成功体験

ロシアの判断の根拠となったのが、2014年にクリミア半島を無血でウクライナから奪い取った成功体験であった。このクリミア危機では、戦闘らしい戦闘は行われず、グレーゾーン事態の中で、「リトル・グリーン・メン」と呼ばれる武装集団がシンフェロポリ国際空港や地方議会、軍事基地などの重要施設を占領していった。「リトル・グリーン・メン」は親露派武装集団と称していたが、実際には国籍徽章を外した特殊作戦部隊（スペツナズ）の覆面兵士であった。その装備から、ロシア空挺軍の第45独立親衛特殊任務旅団と分析されており、今回のウクライナ戦争の初戦でも、首都キーウ近郊のホストメリ空港の奪取を試みている。

14年のクリミア危機で、ロシアがクリミア半島の無血占領に成功したのは、「ハイブリッド戦争」に成功したからであった。この「ハイブリッド戦争」は図1に示したように、3段階から成るが、平時の情報戦・心理戦から始まる。これが第1段階である。平時から行われる情報戦は、敵国民の認知領域に直接働きかけ、社会の分断、政府機関の信用失墜など、情報操作によって社会を攪乱して弱体化させることを目的としており、「情報操作型サイバー攻撃」とでも言うべきものである。ロシアは、クリミア危機の前から、ロシア語メディアやＳＮＳ上での偽情報の拡散などの手段を用いて、ウクライナ国内のウクライナ系国民とロシア系国民の分断を広げる情報戦を行っていた。

情報戦の次に来るのが、サイバー戦である。この第2段階のサイバー戦は、敵国の重要インフラや政府機関などを標的として、敵の継戦能力の無力化を目的としている。ＤＤｏＳ攻撃やワイパー型のマルウェアを用いて、標的のネットワークのＩＴ機器を機能不全に陥れる。クリミア危機では、ロシアの「リトル・グリーン・メン」が侵入する直前に、クリミア地域のインターネット、固定電話、モバイル通信の遮断やウクライナ軍の通信遮断、ウクライナ国内の要人の携帯電話の遮断、政府のウェブサイトのダウンなどのサイバー攻

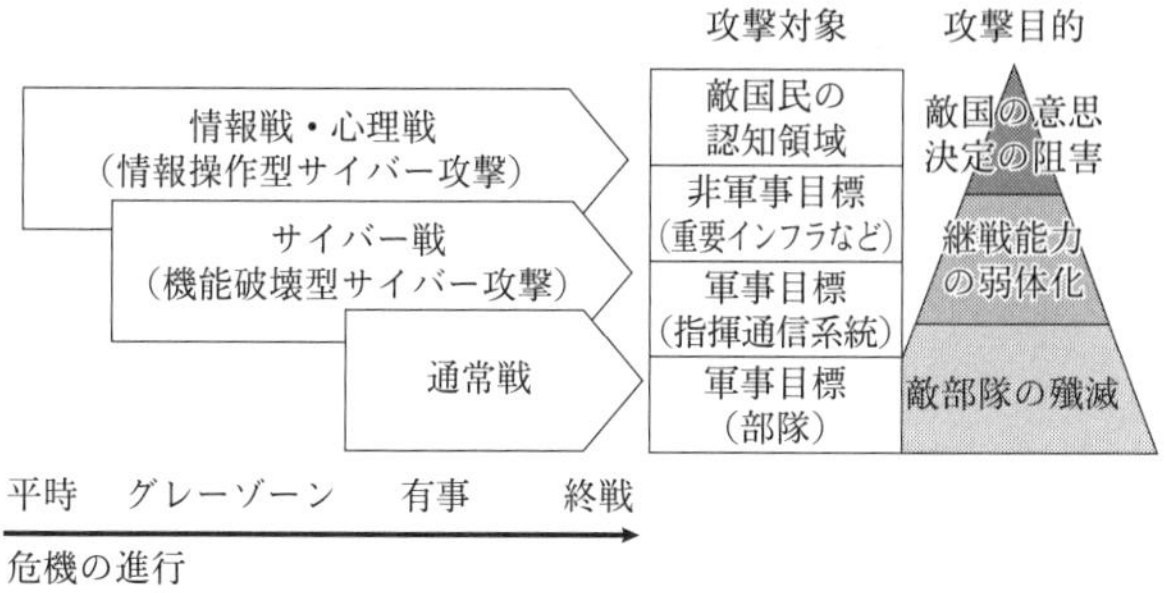

図1：ハイブリッド戦争の構図（各種資料より筆者作成）

撃が行われた。

ロシアの「リトル・グリーン・メン」の侵攻に対して、ウクライナ軍は、抵抗すること無く軍事基地や街を明け渡したが、これには理由があり、ウクライナ軍の通信がサイバー攻撃によって乗っ取られ、現場部隊に偽の撤退命令が出されていた、と報じられている。

クリミア危機では、この第2段階のサイバー攻撃でほとんど勝負が付き、第3段階の軍事侵攻は武力衝突に至ること無く、無血占領という形で行われた。占領後のクリミアでの住民投票では、ロシア系住民をウクライナ政府から離反させる情報戦が功を奏し、ロシアへの編入が95%の支持を得て、ロシアは戦うことなくクリミア半島の併合に成功した。ロシアによる完璧な勝利であったが、この経験がプーチンに判断を誤らせ、ウクライナ戦争では完全に裏目に出たことは皮肉としか言いようがない。

ウクライナ戦争におけるハイブリッド戦の様相――情報戦

今回のウクライナ戦争でも、ロシアは開戦前の段階から「ハイブリッド戦」を進めていた。まず、第1段階の情報戦として、ウクライナの政権や軍隊をナチズムと結び付け、ウクライナ政府の体制の正当性に疑義を呈する偽情報が、SNSを中心に流布されている。この情報戦は、ロシア語圏に留まらず、国際的にも深刻な影響を及ぼしている。残念ながら日本の有識者の中にも、ロシアの情報戦を真に受ける人々がいて、真顔で「プーチンのクリミア併合やウクライナ侵攻は、ウクライナのネオナチ政権に原因がある」と語る人も出てきている。

この情報戦では、2014年にウクライナの親ロシアのヤヌコヴィッチ政権が崩壊して以降、親欧のウクライナ政府の信用を失墜させる目的で、ウクライナ政府がネオナチでありロシア系住民を弾圧している、という偽の言説がロシア側から流布されていた。

図2は、典型的なロシアによる偽情報の流布例である。本当の写真は、ウクライナのサッカーチームから公式ユニフォームを受け取って、ゼレンスキー大統領が喜んでいるところを撮影したものであった。これを加工し、ユニフォームの背番号の部分を改ざんして、

ナチスの鍵十字のユニフォームを受け取って喜んでいるかのような写真に仕立て、これを見た人がゼレンスキー大統領がナチスの信奉者であると誤解させるように仕向けている。

これ以外にも、南部マリウポリの包囲戦で善戦したウクライナのアゾフ連隊を、ネオナチの極右集団としてイメージづける偽情報の流布も行われており、ロシアはウクライナがネオナチに乗っ取られていることを必死にイメージづけようとしている。

図２：ロシアによる情報戦でSNSに流された写真

このようなウクライナ政府を「ディスる」情報戦に加えて、ウクライナ戦争では、実際の軍事作戦が近づいてくると、侵攻の真偽を巡る情報戦が熾烈に行われた。ロシア側は、ウクライナに侵攻しないというメッセージを出し続けたのである。21年12月25日には、ロシアのインターファクス通信が「１万人以上のロシア軍が、ウクライナ国

図3：演習から帰還する部隊（ロシア国防省）

境の基地に撤収した」と報じた。22年の1月に入ると、10日にロシアのリャブコフ外務次官は「ウクライナに侵攻する意図や計画はない」と述べ、侵攻直前の2月14日には、プーチン大統領とラブロフ外相が会談し「外交努力を続ける」という芝居を打った。

翌15日には、ロシア国防省が「演習を終えた部隊の一部が基地に撤収しつつある」と発表し、演習から帰還する部隊の写真や映像を公開した（図3）。この発表を巡っては、後日談があり、ロシア国防省が提供した鉄道駅から帰還輸送されるロシア部隊の映像が、実はウクライナ国境から１８０㎞も離れたクリミア半島の駅であることが、ヨーロッパのファクトチェック機関によって明らかにされている。ロシア国防省の嘘がすぐばれてしまったのである。

このようなロシアの情報戦に対して、アメリカは徹頭徹尾「ウクライナへの侵攻がある」という情報を出し続けた。21年10月30日には、ワシントン・ポスト紙が「ロシア軍がウクライナ国境に集結している」というニュースを報じた。また、11月10日にはアメリカのブリンケン国務長官が「ロシア軍のウクライナ国境集結について懸念している。侵攻・併合の可能性がある」と述べた。さらに12月3日には、ワシントン・ポスト紙が「ロシア軍が来年早々ウクライナに侵攻する」と報じた。アメリカの報道機関による一連の報道の背景には、米国の情報機関からの情報の提供があるといわれている。

この時期アメリカ政府は、「われわれは真の意図を知っているぞ」とロシアに警告するため、入手した機密情報をあえて報道機関にリークしたといわれている。専門用語では「開示による抑止」と呼ばれる新しい手法であり、機密情報の戦略的リークにより、相手側に決定の再考を促そうとするやり方である。ウクライナへの軍事侵攻が現実的になり始めた21年11月、ホワイトハウスの国家安全保障会議（NSC）は、省庁横断的チームを招集し、ロシアへの対応を検討した。その中で、「開示による抑止」を決定したとされる。

しかし、米側の「開示による抑止」にもかかわらず、欧州諸国やウクライナ、特にキーウでは軍事侵攻はないと考える人が非常に多く、これがウクライナ軍の予備役動員の遅れにもつながり、初戦において、首都キーウ近郊にまで、ロシア軍の侵攻を許すことになった。

ロシアによる情報戦は、ウクライナ戦争開戦後も国際社会に向けて断続的に行われている。その一つが、「NATOの東方拡大がウクライナ戦争の原因となった」という言説

（ナラティブ）である。この「物語」は、「危機を招いたのはＮＡＴＯと西側だ。統一ドイツを越えてＮＡＴＯを拡大しないという冷戦終結直後の約束を反古にして、西側はＮＡＴＯを東方に拡大してきた。囲まれたロシアは自衛せざるを得ず、ウクライナがＮＡＴＯに加盟しようとしている今、やむなくウクライナに侵攻したのだ」というものである。

この「物語」が厄介なのは、８割の歴史的真実を含んでいる点だ。ベルリンの壁が崩壊し、東ドイツが西ドイツに併合された１９９０年のドイツ統一によって、ＮＡＴＯは旧東ドイツの領域にまで拡大された。このドイツ統一の過程では、ソビエトの反発を和らげるため、ＮＡＴＯの東方不拡大に関する発言が、米国や西ドイツの政治家から発せられている。しかし、この「物語」の「やむなくウクライナに侵攻した」という最後の部分は真実では無い。２０１４年のクリミア危機、あるいはそれ以前から、ウクライナを支配下に置くという意図をロシアは有しており、「やむなく」ではなく「計画的」にウクライナに侵攻したからである。

残念ながら、この「物語」は、先ほどの「ウクライナ政府ネオナチ説」という偽情報同様、日本を始めとした西側の国々でも浸透している。「西側がロシアとの密約を反古にしてきたことから考えると、今起きていることは一方的にロシア側が悪いというだけでは片付けられない」と主張する有識者も散見され、その論理を無意識に受け入れる有識者や評論家が日本の言論空間でも出てきている。人々に偽情報を信じ込ませるため、真実の中に少しだけ嘘を混ぜる、というのがロシアの情報工作の極意であり、これを完全に防ぐことは、大変難しくなってきている。

ウクライナ戦争におけるハイブリッド戦の様相――サイバー戦

第2段階のロシアによるサイバー攻撃は、破壊的で容赦ないものであった。実際の戦闘が起こる前に3波にわたるサイバー攻撃が仕掛けられた。最初の第1波は、1月中旬にランサムウェア（身代金要求型）を装って行われた。コンピュータの記録領域のＭＢＲを破壊するWhisperGateというマルウェアが使用された。さらに、ウクライナの政府機関のウェブサイトも改ざんされ、「最悪の事態を恐れろ」というメッセージがコンピュータ上に映し出された。

第2波は2月15日に発生した。ウクライナの外務省、国防省や軍、国営商業銀行PrivatBankおよび国営貯蓄銀行OschadBankに対して通信を妨害するＤＤｏＳ攻撃が行われた。これにより、モバイルバンキングが使えなくなり、ＡＴＭ（現金自動預払機）から現金の引き出しができなくなった。この攻撃は、ウクライナ社会を攪乱するために行われたとみられている。

第3波は軍事侵攻の直前の2月23日におこなわれ、ウクライナ国内の官民のコンピュータを破壊するために、機能破壊型のマルウェアが送り込まれ、金融、防衛、航空、通信などの重要インフラで、情報を消去する悪さを起こすマルウェアHermeticWiperが発見されている。

ちまたでは、恐れられていたロシアによるサイバー攻撃も効果を上げておらず、「ハイブリッド戦争」はたいしたことは無い、という識者もいる。しかし、これは大きな認識違いである。開戦の遥か前、21年3月頃から、マルウェアのプログラミングが行われており、この頃からロシアはサイバー攻撃の準備を始めていたとみられる。実際にこれらのマルウェアは、開戦までに10組織の３００以上のシステムの破壊に成功している。一連のサイバー攻撃には8種類以上の異なるマルウェアが使用され、開戦から１ヶ月半で40近い組織で被害が発生している。

ウクライナ戦争において、ロシアのサイバー攻撃が効果を発揮しなかったのは、アメリカが全面的にウクライナを支援したからであった。米国をはじめとした欧米は、ロシアとの戦争が始まるはるか前から、認知領域の戦いである心理戦やサイバー領域でウクライナを全力で支援していた。そのため、ウクライナは初戦において新領域の戦いを優位に進めることができたのである。マイクロソフトは、２０２１年からウクライナ国内でサイバー攻撃のリアルタイムの監視・分析と無力化・反撃でウクライナ政府に協力しており、アメリカのサイバー軍も21年の12月にウクライナに部隊を派遣していた。このようなサイバー空間での防衛支援のおかげで、軍事侵攻前のロシアのサイバー攻撃はウクライナの致命傷にならなかった。

　このようにロシアは、開戦前に、社会の分断やゼレンスキー政権の信用失墜を狙った情報戦、金融機関を含む重要インフラや政府機関の機能麻痺を企図したサイバー戦を行っていた。軍事侵攻が始まった2月24日以降は、ウクライナ軍の攪乱を意図した電磁波領域の攻撃や、通信・電力などの重要インフラの麻痺を企図するサイバー攻撃が断続的に発生した。情報空間やサイバー空間のみならず、宇宙空間でもロシアの攻撃が発生しており、ウクライナ軍や警察が利用していた商用衛星通信サービスに対しても、サイバー攻撃が発生し、ウクライナ領域ではＧＰＳ（位置情報）衛星に対する電磁波妨害も行われた。

　ロシアは、通信を麻痺させる目的で、ウクライナ軍が利用していた民間の商用衛星サービスに対して、戦闘が始まる直前にサイバー攻撃を行っている。この攻撃は、アメリカのヴァイアサット社のＫａバンドの衛星システムに対して行われ、衛星通信の通信帯域が90%以上失われた。その手法はあらかじめヴァイアサット社の地上の受信端末経由でネットワークに侵入し、機能妨害型のＤＤｏＳ攻撃を行うと共に、地上の受信端末にも機能破壊型のマルウェアを仕掛け、徹底的に通信機能を麻痺させる、という大変烈度の高いサイバー攻撃であった。

　ウクライナでは、開戦直後に衛星通信や地上の通信設備に攻撃を受け、戦闘地域でのインターネット通信に大きな支障を来したが、イーロン・マスクが、スペースX社の衛星コンステレーション「スターリンク」を提供したことによって、ウクライナを通信麻痺にするというロシアの企みは水泡に帰した。開戦から4ヶ月で、1万基以上の「スターリンク」の基地局が提供され、ウクライナ軍の通信だけでなく、サイバー攻撃や砲撃によってネットが断絶してしまった地域の住民にもインターネットアクセスが提供されている。

　このような新領域におけるロシア軍の攻撃に対して、ウクライナ軍は米国を中心とした西側諸国からの支援を受け、ロシアの攻撃の効果を打ち消すことに成功している。当初ロシアは、「ハイブリッド戦争」によって戦いを優位に進め、２０１４年のクリミア危機のような無血勝利を夢見ていたが、情報戦やサイバー戦の領域で失敗し、キネティック（実弾などの物理的）な軍事力に頼らざるを得なくなった。

第1段階の情報戦、第2段階のサイバー戦が大きな成果を上げない中、2月24日にロシア軍がウクライナに侵攻することになった。プーチン大統領は、非軍事的手段による第1段階、第2段階の作戦の失敗を知らされておらず、ロシア軍がウクライナに侵攻すれば、1週間で戦闘は終わると読んでいた。その点で、決定的な戦略判断ミスをしたと思われる。

新領域を利用したウクライナ軍の巧みな戦争

このように、今回のウクライナ戦争は、陸海空の領域のみならず、宇宙や情報空間にも戦闘領域が拡大しているのが特徴である。「ハイブリッド戦」を過信して失敗したロシアに比べて、ウクライナはサイバー・宇宙といった新領域を上手に利用しており、巧みな戦争を行っている。

情報戦では、ゼレンスキー大統領は開戦直後毎日キーウから自撮りを交えながら、国民にメッセージを発信している。そのメッセージは、「不当な侵略により祖国が脅かされた。我々は決して国土を渡さない」という、国民に徹底抗戦を呼びかけるものである。

図4：ウクライナの新しい守護神　聖ジャベリン

例えば、22年3月上旬の首都キーウ攻防戦の最中、ウクライナの士気を打ち砕くために、「ゼレンスキーが国外に逃亡した」という偽情報をロシア側が流した。これに対してゼレンスキー大統領は、自身のインスタグラムを通じて直ちに自撮り動画を配信し、「私は大統領執務室で仕事をしている、誰もどこにも逃げなどしていない」と述べた。このような、政治リーダー自らが先頭に立ってのSNSを利用した情報発信は、ウクライナ国民の士気を維持し、国際社会からの支援をつなぎ止めるのに、大きな役割を果たしている。

また、今回のウクライナ戦争では、ロシアの戦車を撃破する動画が出回り、米国製の歩兵携行兵器「ジャベリン」が有名となった。ウクライナでは、新しい守護神として、図4のような「聖ジャベリン」の絵がもてはやされている。「ジャベリン」以外にも、ウクライナ製の対戦車ミサイル「STUGNA-P（ステューフナ）」や英国とスウェーデンが共同開発した歩兵携行兵器「ＮＬＡＷ」、無人自爆型ドローンでは米国製の「フェニックスゴースト」や「スイッチブレード」（滞空時間15〜40分、射程10〜40㎞）が投入され、戦車や装甲戦闘車両の装備で劣るウクライナ軍が、優勢なロシア軍と互角の戦いを続けている。

火砲では、ウクライナが保有する旧ソ連時代の榴弾砲に加えて、英国開発の軽量１５５㎜榴弾砲「Ｍ７７７」と米Raytheon製誘導砲弾「エクスカリバー」、フランス製の１５５㎜自走榴弾砲「カエサル」などが供与され、東部や南部におけるウクライナの反撃で大いに活躍している他、米国製の高機動ロケット砲システム「ハイマース」も供与され、ロシア軍の司令部や弾薬庫を破壊するのに成功している。

これらの兵器が効果を発揮しているのは、それが欧米製の最新兵器だから、というだけでは無い理由がある。ウクライナは、戦場においても、サイバー・宇宙といった新領域を巧みに利用しているからである。兵器がいくら優れていても、戦場でどこに敵がいるのか、どこから敵がやってくるのかが分からなければ、やっつけようが無い。

従来の戦争では、「斥候」と呼ばれる偵察部隊がこの役割を果たしていた。陸上戦闘ではオートバイや歩兵戦闘車などで構成される偵察部隊を前線に出し、敵の動向を把握する必要がある。時には、戦線から奥深くに侵入する必要があるため、偵察は危険な任務でも

図5：GIS “ARTA” の操作画面
（GIS “ARTA” 社ホームページより）

ある。

ウクライナ戦争では、ウクライナ軍は従来の陸上を行く偵察部隊に代わって、小型のドローンを活用して、無人機から送られるリアルタイムの映像や画像と位置情報を用いて、敵の戦車部隊の待ち伏せや砲撃を行っている。このような戦闘を可能にしているのが、「戦場のＵｂｅｒ」と呼ばれている、ウクライナ製自動射撃管制システム「ＧＩＳ〝ＡＲＴＡ〟」である（図5）。

ウクライナ軍は、２０１４年のクリミア危機以降、東部のドンバス地域での戦闘に、この「ＧＩＳ〝ＡＲＴＡ〟」を使用し、改良してきた。このシステムは、戦場から送られる敵に関するデータを、クラウド上でリアルタイム処理し、敵の正確な位置情報を把握し、瞬時に最適な打撃力（ミサイル、榴弾砲など）を用いて、敵部隊に射撃することを可能としている。それまでは味方への誤射を防ぐために、通常20分以上も射撃までの判断時間が必要であったが、デジタルマップ上で味方の位置情報をリアルタイムに入力し、誤射を避けながら1分程度で判断することが可能となっている。また、異なる打撃力の同時射撃も可能であり、味方部隊が必要とすれば、すぐにＵｂｅｒのように、「火力をお届け」することを可能にした優れものである。

このような新領域の利用は、ウクライナ単独の力でできるものではない。「戦場のＵｂｅｒ」も、末端のドローンを飛ばす部隊にインターネット接続が無ければ、全く役に立たない。今回の戦争では、光ファイバーや携帯基地局といった地上の通信設備は、ロシア軍の攻撃目標となっており、戦闘地域ではこのような通信設備は真っ先に破壊されていた。それを補い、ウクライナ軍の末端までＷｉ－Ｆｉによるインターネット接続を可能にしたのが、先に述べた低軌道の通信衛星によるインターネット接続サービス「スターリンク」であった。

さらに、ウクライナを情報面から支援したのが、米国の国防データ処理企業パランティア社（Palantir Technologies）のサービスである。パランティア社は、民間でも手に入る膨大なデータを利用し、これをＡＩ処理して、軍事上利用可能な形で提供している。

民間でも手に入るデータには、商用衛星による光学レーダーや雲の下も見通せる合成開口レーダーによる画像データ、衛星から火災を検知する赤外線データなどがある。火災を検知する赤外線データは、ロシア軍の砲撃やミサイル発射などが探知でき、これをデジタル地図上に正確にプロットすれば、前線から遠く離れたロシア軍の砲兵陣地が一目瞭然となる。パランティア社のアレックス・カープＣＥＯは、ウクライナへの同社のサービス提供を認めた上で、「高度なアルゴリズムによる戦争システムの威力は、今や通常兵器しか持たない敵に対して戦術核兵器を持つに等しいほど大きなものとなっている」と述べている。

このように、ウクライナ軍はアメリカからの支援を受けて、新領域を利用して巧みに戦争を行い、数倍も大きいロシア軍と互角に戦っている。データという非軍事的な手段の利用は、新しい「ハイブリッド戦争」における新たな一面となっている。

ロシアのハイブリッド戦ドクトリン

ロシアとの関係で注目されている「ハイブリッド戦争」であるが、その起源は意外と古く、２００９年頃にさかのぼる。２００９年10月22日に米議会の諮問機関である「米中経済安全保障検討委員会」は、「中国のサイバー戦能力」に関する報告書を公表した。同報告書は、「台湾有事の際には、人民解放軍が、直接優勢な米国と対峙することなく、米軍の来援を遅延させる手段として、サイバー戦や電子戦を仕掛けてくる可能性が高い」と結論づけている。このような認識を受けて、２０１０年の「4年ごとの国防戦略見直し（Ｑ

DR２０１０）」では、「戦争がハイブリッドになってきている」という認識が示され、将来的な米国の敵対者は、サイバー・宇宙などの領域で主導権を取るべく、洗練された能力を身につけるであろうと予見している。

ロシアの「ハイブリッド戦争」は、特にサイバー戦といわれる敵の情報空間への攻撃と情報戦と言われる敵国民の認知領域への攻撃を特徴としている。現在ウクライナで進行中の戦争を指揮しているロシア軍の参謀総長ワレリー・ゲラシモフ上級大将が、ロシアの「ハイブリッド戦」のドクトリンを生み出したといっても過言ではない。ゲラシモフは、２０１３年２月の露キューリエ紙に掲載されたスピーチの中で、次のように現代戦を描いている。

①戦争状態と平和状態の境界線は曖昧になった。

②「戦争のルール」が変わった。政治的・戦略的目標を達成するための非軍事的手段の役割は大きくなり、その効果は武器の力を上回っている。

③武力紛争においては、敵の優位性を失わせる非対称的な（非軍事）行動が広く使われる。

④情報空間は、敵の戦闘力を低下させる非対称的な可能性を大きく広げる。

このゲラシモフの「ハイブリッド戦争」のドクトリンを図式化したものが、図6である。ゲラシモフは、現代戦をいかに戦うかについて、サイバーを含む非軍事的手段対軍事的手段を4対1で使用すると明言している。

その非軍事的手段の中核を占めるものが情報戦とサイバー戦である。図6は、ゲラシモフが想定している軍事紛争の強度（縦軸）と紛争のエスカレーション（横軸）に、紛争が始まる前の平時から紛争の終戦に至るまでの間に、非軍事的手段と軍事的手段がどのように使われるかを描いている。この中で、本当に武器を持って戦う軍事紛争となるのは、4のCrisis以降であり、全体では一部分を占めるに過ぎない。紛争の段階のほとんどで非軍事的手段が使われ、その手段としては、同盟の形成や政治的圧力などの外交的手段、経済制裁や禁輸などの経済的手段等が含まれる。その中でも、情報操作などにより敵国民の認知領域に直接働きかけ、敵の政府に対する信用を失墜させ、反体制派の形成や政変による政権の交代のように、戦わずして勝つ「情報戦」を重視しているのが特徴である。

また、ロシアが得意とする情報戦は、我々が一般的に考えているようなやり方ではない。通常、我々が情報工作として思い浮かべるのは、フェイクニュース（嘘）を用いて敵を攪乱する事であるが、ロシアのそれは一枚上手を行く。

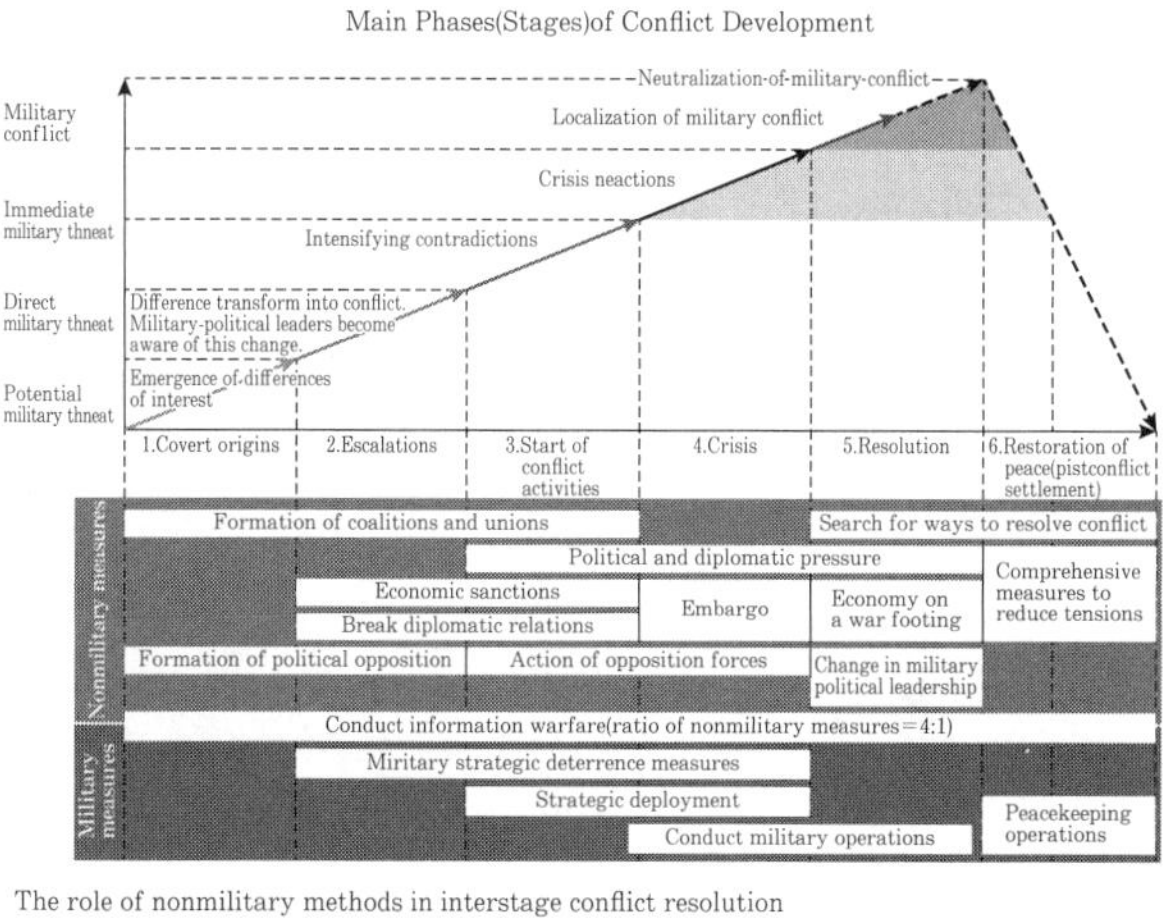

図６：ゲラシモフによる現代戦のフェーズ（出典：米 National Security Analysis Department, "Little Green Men": A Primer on Modern Russian Unconventional Warfare, Ukraine 2013–2014, Assessing Revolutionary and Insurgent Strategies Study［unclassified working draft, Fort Bragg, NC: U.S. Army Special Operations Command］, 18.）

　ロシアは、敵国の社会に存在する歴史的な断層に注目し、その断層に対して、敵国の国民が反応するようにディスインフォメーションを用いて攻撃を行う。図7は、ロシアの認知領域への攻撃を図式化したモデルである。このモデルは、「反射コントロール」というロシア独特の概念を図式化したものである。

　ロシアは、視覚や聴覚といった直接的な感覚のみに偽情報をインプットするだ

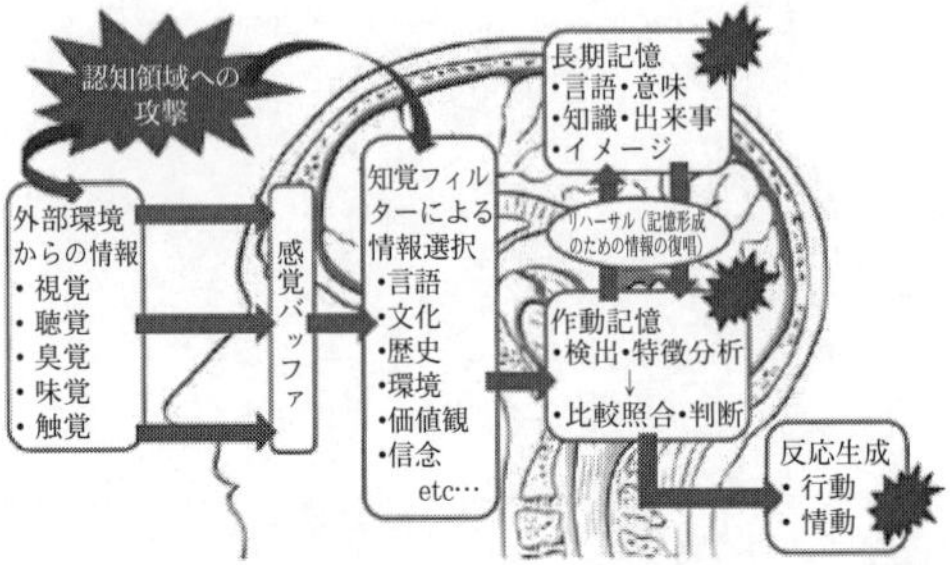

図７：ロシアのディスインフォメーションを用いた認知領域への攻撃モデル

（出典：笹川平和財団「"外国からのディスインフォメーションに備えを！～サイバー空間の情報操作の脅威～"」〔2022年２月〕）

けでなく、ナラティブ（物語）を通じて敵国の社会に根付く過去の記憶に基づくワーキングメモリ（作動記憶）にも働きかけ、現実の解釈（内部表象）に影響を与える。その結果として、個人の感情や行動に影響（反応生成）を与え、攻撃の所与の目的である、敵国社会の分裂という結果を引き出そうとする。

この「ナラティブ（物語）」がくせ者である。例えば、ロシアが２０１６年の米国大統領選挙への介入の際に利用したのは、米国社会に内在する白人対黒人の人種問題や貧富の格差であり、その際使われたナラティブは「白人のクリントン候補は黒人のために働くわけがない」「民主党のエリートは貧しい労働者階級のことをないがしろにしている」というものであった。

平時からのディスインフォメーションによる情報戦

このようなナラティブの考え方を利用して、ロシアは平時から欧米社会にディスインフォメーションによる情報戦を仕掛けてきている。その目的は欧米社会を分裂・弱体化させることによって、ロシアの国際社会における地位を相対的に上昇させる、というものである。

２０１６年の米国大統領選挙で、ロシアは、２７５２件のTwitterアカウントおよび４７０件のFacebookアカウントなどをはじめとするＳＮＳ上で、ナラティブに則した虚偽情報（フェイクニュース）の流布を行い、トランプ候補を支持しクリントン候補の評判を下げるディスインフォメーションを発信した。特に狙われたのは、米国の黒人層であり、「大統領選挙に投票に行っても政治は変わらない」というメッセージを流し続けた。

その結果、もともと民主党の支持層であった黒人層で投票に行かない人が増え、黒人の投票率が約７％低下した。共和党のトランプ候補が事前予想を覆して当選したことは記憶に新しいであろう。ロシアの目論見は、ワシントンの政治家が信用ならないということを植え付け、アメリカの民主主義の信用を失墜させる事であったが、これは見事に成功した。

２０１６年６月の英国のブレグジットの投票でも、ＥＵ離脱支持側の世論形成に、ロシアの情報機関が関与していた。米国大統領選挙で利用されていたTwitterやFacebookのアカウントの一部は、英国の国民投票においても、政治的投稿を繰り返し行っていたことが、英国下院文化・メディア・スポーツ委員会の中間報告書で明らかにされている。ＳＮＳでは、英国独立党党首ナイジェル・ファラージ氏の「ＥＵへの拠出金が週3億5千万ポンドに達する」という発言が繰り返しリツイートされたが、実際の拠出金は週1億数千万ポンドであった。ＳＮＳでの拡散によって、英国民の67％が「週3億5千万ポンド」という主張を耳にし、42％が真実であると信じ、ＥＵ離脱派の勝利の原動力となった。

２０１７年の独仏の選挙では、西欧社会が抱えるキリスト教とイスラム教の歴史的断層が、ナラティブの標的として使われた。２０１７年5月のフランス大統領選挙では、マクロン候補が租税回避のためにペーパーカンパニーや口座を保有しているという偽文書が拡散。さらに、「マクロン候補の選挙資金はサウジアラビア政府が拠出」、「フランス全土で（イスラム系）暴力事件が拡散」、「フランス政府は、移民のために1億ユーロでホテルを購入」、「フランス政府はキリスト教の休日をイスラム教の休日に置き換えることを計画」などのディスインフォメーションが流され、イスラム移民排斥を訴える極右のルペン候補の票が大幅に増加した。

メディアサイトの乗っ取りとフェイクニュースの流布	脆弱なメディアサイトを乗っ取り、ロシアに都合の良いフェイクニュースを流す。そのフェイクニュースをSNSプラットフォームでリダイレクト、リツイートし配信。
ハッキングとリーク	ハッキングによって機密情報を盗み出し、それをリークすることで、対象国内の意見の相違の亀裂を深め、政府への不満を増大させる。
DDoS攻撃によるサービス妨害	メディアや政府サイトなどをサイバー攻撃で妨害し、公式な情報の流れを遮断。
ウェブサイトの改竄	公的ウェブサイトを改竄し、正確な情報の流通を妨げ、政府の信頼性を失墜させる。
トロール部隊を用いたフェイクニュースの拡散	偽アカウントによるリツイートの拡散、Facebook上でのターゲット広告。
メディアを装ったフェイクニュースの拡散	RT、Sputnik等の中立を装ったロシア系メディアを利用して、フェイクニュースを拡散する。
選挙システムへの侵入	電子投票、集計システムへのサイバー侵入を試み、選挙システムへの不信感の増大を狙う。

表2：ロシアの情報戦の手法（出典：エストニア対外情報庁「International Security and Estonia 2021」および筆者追記）

さらにドイツでは、2017年9月の総選挙を前に、メルケル首相とイスラム系難民の関係を強調し、テロリストと親しいとの印象操作を狙う情報が拡散された。ドイツでも、移民排斥を唱える右派政党「ドイツのための選択肢（ＡｆＤ）」が連邦議会で94議席という大量の議席を初めて獲得している。

このようなロシアの

情報戦の手法について、NATOのロシア側最前線に位置するバルト三国のエストニア対外情報庁は、表2のようにまとめており、ロシアが様々な手法を用いて、情報戦を展開していることに警告を発している。それによれば、ロシアは、SNSを利用したフェイクニュースの拡散だけでなく、サイバー攻撃を利用して盗み出した不都合な機密情報を意図的にリークしたり、メディアを装って偽情報を流したり、サイバー攻撃の一種であるDDoS攻撃を用いて、公式な情報発信を妨げたり、様々な手法を用いることを得意としている。

日本にも忍び寄るロシアのハイブリッド戦の影

ウクライナにおける「ハイブリッド戦争」は、決して日本にとって対岸の火事では無い。我々日本人の認知領域にも、ロシアの情報戦の影はヒタヒタと忍び寄っている。

日本の終戦記念日にあたる2022年8月15日、英国時間の午後4時過ぎ（日本時間の16日午前0時過ぎ）に、在英ロシア大使館が奇妙なツイート（図8）を投稿した。その内容は、その6日前に内閣改造で防衛大臣を離任し、安全保障担当の首相補佐官となった岸信夫議員（当時）が、ザポリージャ原子力発電所へのウクライナのミサイル攻撃をツイッターで非難した、と匂わせるものであった。

この在英ロシア大使館の投稿から7時間後、岸議員の公式ツイッターアカウントは、危機管理のお手本と言えるほど素早く反応し、「拡散されている私のツイートは元々存在しません。フェイクです。ご訂正願います」とのメッセージを出した。この岸議員の偽造ツイートを巡る一連の動きは、認知領域に対するロシアによる情報操作型のサイバー攻撃が日本社会に迫ってきている現実を、改めて我々に突きつけている。

岸議員の偽造ツイートの端緒は、ウクライナの原発（ロシアが占拠中）で８月６日に発生した爆発であった。同日ロシアのザハロワ報道官は、ウクライナが原発を攻撃していると非難した。これに対して、ウクライナのゼレンスキー大統領は、ロシアが砲撃を行ったとして、ロシアに新たな制裁を科すように呼びかけた。同原発に対しては８月11日にも攻撃があり、ロシア・ウクライナ双方がその責任について、お互いを非難し合う状況にあった。

図８：在英ロシア大使館のツイッター投稿（現在は削除）

今回の偽ツイートは、全く存在し

ないツイートをねつ造し、それを流布することによって、国際社会におけるウクライナの地位を貶め、また、日本をはじめとした西側社会の情報空間に混乱を引き起こそうと企図する、ロシア情報機関による「マスキロフカ（欺瞞工作）」である可能性が高い。そして、ロシアの攻撃の主たるターゲットの一つが、日本であることは否定できない。

そう判断せざるを得ない理由は、①ザポリージャ原発の攻撃が8月6日の広島原爆の日の前後に始まっていること（攻撃は5日、6日に行われた）、②偽ツイートに広島原爆投下後を示唆する写真（実際には長崎山王神社の原爆後写真）が使われていること、③岸防衛大臣の交代は6日夜の段階で報道されており、偽ツイートには安全保障担当補佐官に就任したことがいち早く反映されていること、④ロシア安全保障会議のパトルシェフ書記（プーチン最側近）が8月19日に日本への強力な不満を表明していること、である。

ロシアのディスインフォメーションの手法は、攻撃対象である社会の歴史的な記憶に働きかけることを特徴としており、今回の偽ツイートはそのドクトリン通りの作り込みがなされている。また、偽ツイートの発信者として岸議員を選んだ上で、岸田首相のお膝元の「広島」に言及するなど、日本の機微な政治状況をリアルタイムで正確に取り込んでいることを勘案すると、日本の認知空間に対するロシアによる周到に準備された情報操作型のサイバー攻撃であると警戒すべき事案であった。

さらに、9月6日には、ロシアのハッカー集団による大規模な機能妨害型のＤＤｏＳ攻撃が日本で発生している。同日、16時30分頃から日本政府のポータルサイトｅ－Ｇｏｖ（デジタル庁運営）に対してＤＤｏＳと見られるサイバー攻撃が行われ、アクセス障害が発生した。この他に、総務省、文部科学省、宮内庁などのサイトでもアクセス障害が発生。障害は、外国発の通信を片寄せすることで、6日夜までに一旦回復したが、7日に再び障害が発生した。同時刻、地方銀行や東京・大阪・福岡の地下鉄、ＳＮＳサイトでもシステム障害が発生しており、ウクライナで起こったような、政府機関、金融機関、重要インフラを狙った同時多発的なサイバー攻撃であった。

このサイバー攻撃は、安全保障上の事案とは認識されず、サイバー・セキュリティの事案として処理されたが、本来は「ハイブリッド戦」の予行演習として警戒すべき事案であった。というのも、このサイバー攻撃の裏で、ロシアは日本を念頭に置いた大規模な軍事演習を極東で行っていたからである。サイバー攻撃が発生した9月6日は、折しも、プーチン大統領がショイグ国防相、ゲラシモフ参謀総長と共に演習を視察している日であった。偶然にしては、一致しすぎである。9月6日の大規模ＤＤｏＳ攻撃は、ロシア系ハッカー集団Killnetが犯行声明をTelegram上で発表し、ハッカー集団の犯行を装っているものの、軍事演習と連動した「ハイブリッド戦」の一環である可能性が否定できない。

さらに、ウクライナ戦争1周年を目前にした、今年2月中旬の13日、16日、ロシア系サイバー攻撃グループNoName057（16）およびKillnetが、再び日本組織及び企業に対して、大規模なＤＤｏＳ攻撃を実施した。攻撃グループは、犯行声明の中で、日本の対ロシア経済制裁およびウクライナ財政支援に対する反撃を主張している。この攻撃では、大手銀行や大手鉄道会社のサイトが攻撃にあって、サービスを停止している。もはや日本にとって、「ハイブリッド戦争」は、目の前に迫りつつある脅威なのである。

「ハイブリッド戦争」から国家を守る新しい安全保障観が必要

「ハイブリッド戦争」や情報戦はロシアだけのお家芸ではない。中国もまた、孫子以来の「戦わずして敵を屈服させる」戦略を最上級のものとしており、有事の際には、心理戦、世論戦、法律戦の三戦を用いて戦う前に勝つことが、人民解放軍の戦略とされてきた。２０１３年以降、中国はこれを一歩進めて、認知空間の戦闘で勝つという「制脳権」という概念を打ち出している。

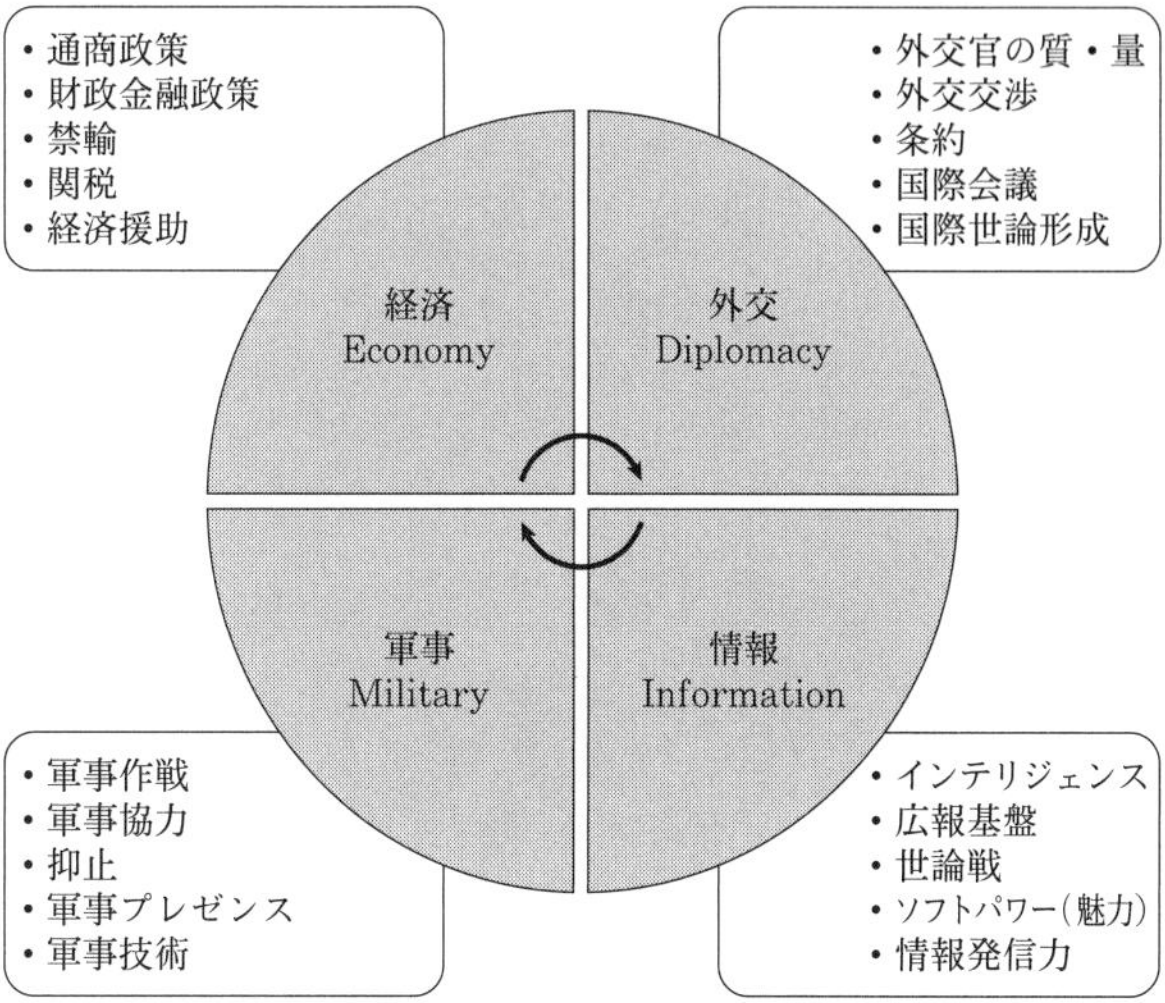

図９：DIMEをすべて用いた安全保障戦略

この「制脳権」は、敵の状況把握能力を弱体化・喪失させる「認知抑制」、虚偽情報により敵の意思をくじき、誤った判断に導く「認知形成」、敵の意思決定メカニズムを改ざんする「認知支配」の考え方から成っている。有事が近づけば、中国は躊躇無く情報戦を日本に仕掛けてくるであろう。

このような中露の「ハイブリッド戦争」に対して、米国では統合抑止（integrated deterrence）によってこれを打ち破る戦略を立てており、バイデン政権の新国防戦略におけるキーワードとなっている。これは、すべてのドメインを動員した whole-of-government

アプローチで、安全保障戦略を実施するという考え方である。

whole-of-government アプローチとは、安全保障政策の執行（オペレーション）に当たり、外交（Diplomacy）のD、情報（Information）のI、軍事（Military）のM、経済（Economy）のEという、ＤＩＭＥをすべて動員しての真剣勝負をしようというものである（図9）。米国では、従来の外交と軍事に偏った安全保障から、情報と経済を加えたすべての手段を使った安全保障に変わりつつあるというのが重要な点である。米国はこの統合抑止を、同盟国とともに実際に柔軟抑止（FDO: Flexible Deterrent Option）のオペレーションとして行おうとしている。

日本でも米国と同様に、ＤＩＭＥによる whole-of-government アプローチを採用した安全保障観が必要なのである。

第5章
ロシア・ウクライナ戦争の終わらせ方

高橋杉雄

はじめに

２０２２年２月24日に始まったロシア・ウクライナ戦争は、現時点（２０２３年５月）で開戦から1年あまりが過ぎた。しかし、未だに終息の手がかりを見いだすことはできない。本書では、これまで、「なぜ」「どのように」この戦争は始まったのか、この戦争を抑止することはできなかったのか、そして、この戦争の「新しさ」について論じてきた。しかしまだ重要な論点が残っている。この戦争はどのようにして「終わらせる」ことができるのか、という問いである。本章では、この戦争はどのような戦争なのか、いまひとたび考察した上で、終結の糸口を探る知的努力を試みてみたい。

1．現代におけるロシア・ウクライナ戦争の意味――グローバル化が進んだ世界における大国の戦争

（1）「２０２２年の大戦争」の意味

あらゆる戦争は、それぞれに特徴を持つ。１９９１年に起こった湾岸戦争と、２００３

年に始まったイラク戦争は、戦域も主要な交戦国も同じである上、わずか10年あまりの時間差しかないが、その性質は大きく異なる。こうした違いは、それぞれの戦争の時代背景や国際政治環境、また科学技術のレベルがそれぞれ異なっていることによってもたらされる。ここでは、特に、「この戦争が２０２２年に始まった」ことに着目した上で、その特徴を三つの点から解き明かしておきたい。

第1は、冷戦期との比較から見えてくる特徴である。冷戦期を特徴付けるのは、米ソの対立であった。今回の戦争は、もともとソ連だったロシアとウクライナとの間での戦争ではあるが、米国がウクライナを支援していることから、米露の対立も観察することができる。その意味で冷戦の対立構造と対応しているので、冷戦期との比較の上での特徴を議論することには意味がある。

第2は、冷戦終結後の世界のトレンドの中での位置づけである。今回の対立構造が冷戦期と類似している面があると言っても、米国が圧倒的な国力を誇った時代と、その影響力が相対化されていく時代とを経て、２０２２年に至っている。こうした世界の戦略的トレンドの中から、この戦争の特徴を論じておきたい。

第3は、技術のトレンドである。現代は科学技術が急速に進歩している時代であり、

２０１０年の技術水準と２０２０年の技術水準は大きく異なる。おそらく２０３０年のそれもまた異なるであろう。そう考えていくと、ロシア・ウクライナ戦争の特徴を考える上では、現在の軍事技術のレベルもまた欠かせない要素であることは明らかであろう。

冷戦期との比較から見える特徴

まず第１に、冷戦期の地域紛争との比較である。端的に言えば、国際政治の大規模な構造的変化であった冷戦の終結から30年を経て、冷戦終結後の国際政治のダイナミクスが一巡した時期がちょうど２０２２年だったといえる。その間、まず湾岸戦争に見られるような大国間協調や、２００１年の９・11テロ事件以後の「テロとの戦い」の時期を経て、ある意味一巡するような形で、再び大国間競争の時代が始まった。ロシア・ウクライナ戦争が世界に見せつけているのは、大国が組織的・計画的に行う戦争が、９・11テロ事件をはるかに上回る恐ろしさと暴力性を持つことである。こうした戦争としては、冷戦期にもベトナム戦争や朝鮮戦争などが起こっている。ロシア・ウクライナ戦争を、そうした冷戦期の大規模な戦争と比較してみると、かなりはっきりと類似点と相違点を見いだすことができる。

まず類似点として言えることは、核超大国同士の相互抑止の影響である。冷戦期は、米ソの相互核抑止が成立しており、核戦争が始まればお互いに壊滅する「相互確証破壊」と呼ばれる状態にあった。そのため、米ソが直接戦った場合に、その原因がどうあれ、人類滅亡に至るほどの戦略核の撃ち合いにエスカレートすることが不安視されていた。しかしながら、米ソ双方ともに、冷戦期に地域紛争への介入そのものを自制したわけではない。米国は朝鮮戦争やベトナム戦争を戦ったし、ソ連もアフガニスタンに侵攻している。

　これらの戦争の重要な特徴は、片方が介入しているとき、もう片方は直接介入を回避したことであった。朝鮮戦争やベトナム戦争に際し、ソ連は北朝鮮や北ベトナムを支援したが、ソ連軍の直接参戦は行わなかった。ソ連のアフガニスタン侵攻に際しても、米国はアフガニスタン国内のムジャヒディン・ゲリラを支援したが、やはり米軍の直接介入は回避した。こうした「介入の非対称性」は、米ソが直接交戦した場合に核戦争に至るリスクがあったことが一因であったといえる。そうしたリスクを避けつつ、対立相手が地域紛争で勝利することを阻止しようとすれば、自らの直接介入ではなく、軍事支援などの間接介入にとどめるしかなかったのである。

　ここまで書けば明らかだと思うが、同じような図式はロシア・ウクライナ戦争でも観察することができる。ロシアがウクライナに軍事侵攻を行ったのに対し、米国は直接介入を控え、ウクライナに軍事支援を行うにとどめており、冷戦期と同様の「介入の非対称性」を観察することができる。冷戦期、米国と巨大な核戦力を突きつけ合っていたソ連は崩壊したが、ロシアはソ連の核戦力を継承し、未だに米国と並ぶ核戦力を保持している。米露が配備している核弾頭は、新ＳＴＡＲＴ条約によって１５５０発に規制されているが、米露の間に相互確証破壊の状態が成立していることは冷戦期と変わらない。それが、ロシア・ウクライナ戦争を巡る行動力学が冷戦期のそれと酷似していることの理由である。逆に言えば、米国がこの戦争への直接的な軍事介入を控えているのは、いまに始まったことではなく、冷戦期の行動原理を継承していることだとも言える。

一方、冷戦期との相違点は、冷戦期と異なり、米国にとってヨーロッパ戦線は対中戦略上「第二戦線」でしかないことである。冷戦期において、ソ連は米国の最大の潜在敵国であり、ヨーロッパこそが対立の主正面であった。しかし、第1章で述べたとおり、現在では米国の主要な戦略課題は中国の台頭であり、ロシアではない。米国の最も重要な戦略課題は中国への対応であるため、ウクライナにおけるロシアへの対応が米国の戦略すべてを支配することはないことも、米国のウクライナ支援の規模を制約している大きな理由である。

このように、米国とロシアの関係が、グローバルな超大国同士の対立であった冷戦期の米ソ関係とは質的に異なることから、ロシア・ウクライナ戦争は原則的に局地戦であるといえる。

なお、開戦当初に、バイデン大統領が「第3次世界大戦へのエスカレーションは避けなければならない[1]」との発言を行ったが、この発言は実際には、ロシア・ウクライナ戦争の局地的性格を見逃しているものではある。なぜならば、米軍が介入しようと、ＮＡＴＯが介入しようと、あるいは核兵器が使われたとしても、戦場がウクライナ周辺に留まっている限りは、それは定義上「世界大戦」ではないからである。

仮に「世界大戦」になるとすれば、それは米軍の軍事介入に伴い、極東・東アジア方面でも戦端が開かれたときであろう。戦域がウクライナに留まっているにもかかわらずそれを「世界大戦」と呼ぶのだとしたら、それはヨーロッパ偏重の世界観と言わざるを得ない。実際にはそうした世界観が、米国の政策決定プロセスの底流にあるのだとすれば、米国自身、対中戦略の重要性は理解していても、それを必ずしも実践できているわけでもないということではある。

米欧日の影響力の相対化

第２に、冷戦終結後の世界のトレンドにおけるこの戦争の位置づけである。このトレンドを端的に言うと、冷戦終結後から２０２２年までの間に、紆余曲折を重ねつつも、冷戦の勝者となった西側、すなわち米欧日の影響力が相対化されていったことだと言える。

ポスト冷戦期の特徴は、冷戦の勝者となった米国が、軍事的にも経済的にも「唯一の超大国」として圧倒的な優位を享受していたことである。実際には、１９９０年代半ばにソマリアの平和維持活動に派遣された米軍に死傷者が出たこともあり、その時期も米国が「世界の警察官」としての役割を果たそうとしたわけではない。それでも圧倒的な国力を誇っていたのは事実であった。

その「唯一の超大国」としての地位をゆるがすターニングポイントとなったのが、２００３年に米国が始めたイラク戦争である。機甲部隊を中心とした当初の進攻作戦は成功し、フセイン政権を打倒したものの、その後のイラクを安定させるための紛争後復興作戦における反米勢力の抵抗に米軍は苦しむことになる。また、開戦の大義名分とされたイラクの大量破壊兵器開発疑惑について、調査の結果、実際にはフセイン政権は湾岸戦争後に大量破壊兵器の開発を中止していたことが明らかになった。[2] こうしたことから、イラク戦争は、地域を混迷させた一方で、米国自身は明確な成果を得ることができず、駐留米軍の縮小を余儀なくされた。

さらに、２００８年のいわゆるリーマンショックを引き金とする世界経済危機も米国が震源地であったことから、２０１０年を迎えた頃には、米国のソフトパワー的なリーダーシップは大きく低下した。こうしたことから、２００９年に発足したオバマ政権は、米国を「不可欠な大国」[3]と位置づけつつも、政権の初期にイラク・アフガニスタンを重視した「リバランス」を行った[4]。そして、それが一定の成果を挙げたとして、その後はイラク・アフガニスタンへの関与の低下を模索し続けた。その狙いは、中国などの台頭によりパワーバランスが変化しつつある現実に対応して、米国自体のグローバルな関与を相対化させていくものであったと考えられている[5]。

その方向性はトランプ政権にも引き継がれた。トランプ政権では、「アメリカファースト」をキャッチフレーズとし、同盟国との間でも時に一方的に防衛負担の増加を求めるなど、米国と各国との関係に、それまでとは違う混乱を引き起こした。同時に、ヨーロッパでは、イギリスのＥＵ脱退（ブレグジット）による混乱が生起した。こうした流れを逆行させるために、安倍政権の日本は、平和安全法制による日米同盟の強化や、米国が交渉から抜けたＴＰＰのＣＰＴＰＰとしての成立、また日ＥＵ経済連携協定の締結、を進めていく。しかしながら、全体としてみて、米欧日のグローバルな影響力が相対化されていく中で、２０２２年はやってきたのである。

米欧日の影響力の相対化の大きな理由は、グローバリゼーションの成果として、パワーの多極化が進行したことである。最も顕著なのは中国の台頭であるが、ＢＲＩＣＳと通称される、ブラジル、ロシア、インド、中国、南アフリカといった新興大国の台頭により、グローバルなパワーバランスが大きく変化した。冷戦期の、特に第２次世界大戦から間もない時期においては、世界の経済力と軍事力のほとんどは西側ブロックと東側ブロックに集中していた。「第三世界」と呼ばれるようになる旧植民地地域は、非同盟運動や「１国１票」の原則がある国連を通じて政治的には力を持つようになっていったものの、物理的な経済力、軍事力といった点では東西両陣営と比較しうる存在ではなく、西側ブロックと東側ブロックとは事実上世界を二分しており、冷戦とはこれらの国々の対峙でもあった。

しかし、現在では、グローバリゼーションの結果としての経済成長が世界各地で実現した結果、冷戦期には「第三世界」と呼ばれ、現在では「グローバルサウス」とも呼ばれる、米欧日でもロシアでもない地域の経済力と軍事力が、冷戦期とは比較にならないほど大きくなっている。特に、「大国間競争」と呼ばれるのは、米中の対立を軸とする日米欧露中の競争関係であるといえるが、「グローバルサウス」とされる国々の中には、こうした競争とは距離を置きつつ、独自の国益と戦略を持って、自律的にそれぞれの地域で政策を展開している国が少なくない。その意味で、「グローバルサウス」とひとくくりにするのは乱暴に過ぎるともいえる。

つまり、「大国間競争」と言っても、冷戦期のような形で世界の軍事力と経済力をほぼ独占していた国々が二つのブロックに分裂しているわけではないのである。このことは、ロシア・ウクライナ戦争を巡る国際政治をより複雑にしている。ウクライナを直接支援するだけではなく、グローバルサウスと呼ばれる国々の支持を獲得していくことが、外交的にも、経済制裁による圧力を高めるためにも重要になってきているからである。このように、イラク戦争やアフガニスタン戦争のように、米国が圧倒的な力を持っていた時代の戦争と比べて、戦争を巡る国際政治関係がより複雑になってきていることもこの戦争の特徴として指摘できる。

宇宙、サイバー空間の利用

最後に、技術的なトレンドを見てみよう。第3章、第4章で見てきたように、この戦争では、地上では血みどろの塹壕戦が繰り広げられている一方で、宇宙やサイバー空間でも激しい戦いが行われている。宇宙について言えば、冷戦期から米ソは宇宙の軍事利用を進めてきた。というよりも、宇宙開発そのものが軍事的目的を持って進められてきた。

そして、その力が広く知られるようになったのが湾岸戦争であった。湾岸戦争では、通信衛星を用いた指揮統制ネットワーク、早期警戒衛星によるイラクのスカッドミサイル発射の探知、偵察衛星によるイラク軍の動向の把握など、米国は一方的に宇宙を利用することで軍事的優勢につなげることができた。

その後の宇宙の軍事利用のトレンドとしては、中国の急速なキャッチアップにより米国の独占が崩れたこと、「ニュースペース」と呼ばれる、国家主導ではない、民間セクターが主導した宇宙利用の急速な拡大を指摘できる。中でも、ロシア・ウクライナ戦争は、「ニュースペース」が急激に発展してから初めての大規模な戦争となった。

特に、この戦争がロシアによる明らかな侵略戦争であり、また都市爆撃など残虐な攻撃に対する反発が国際的に広まったこともあり、スターリンクを代表として、民間宇宙企業のウクライナに対する支援も行われ、国家ではなく、民間宇宙部門が戦争に大きな影響を与えうることが示された。スターリンクは、空爆下の都市におけるインターネット回線の維持や、一時期は戦場における無人機のコントロールにも利用された。マクサー・テクノロジーズのような民間の画像衛星会社の提供する画像は、２０２２年４月に発覚したブチャの虐殺において、ロシア側のプロパガンダを否定する根拠となった[6]。湾岸戦争が、宇宙の軍事利用の重要性を示したとするならば、ロシア・ウクライナ戦争は、ニュースペース、すなわち民間セクターによる宇宙利用が戦争の帰趨にも影響しうるほどの重要性を持ち得ることを示したのである。

サイバー空間についても、ロシア・ウクライナ戦争は、大規模な戦争に際してサイバー空間における攻防が展開された最初の事例であった。コソボ空爆でもイラク戦争でも、米国はサイバー攻撃を行ったと言われているが、これらは米国が一方的にサイバー攻撃を行ったものであるし、現在の情報化社会は当時とは比較にならないほど進んでいる。またロシアは２００７年にエストニアに対して大規模なサイバー攻撃を行ったが、これはサイバー攻撃単独で行われ、地上作戦と組み合わされたものではなかった[7]。２０１４年のクリミア併合に伴う軍事作戦では、地上作戦と組み合わされてサイバー攻撃が行われたが、この時はウクライナ側が組織的な反撃を行わなかったため、物理的な戦闘と並行してのサイバー攻撃とはならなかった。

ただし、ロシア・ウクライナ戦争においては、地上侵攻と連携して行われたサイバー攻撃は大きな成果を挙げなかった。それは第4章で詳述されているように、ウクライナ側が米国の民間企業と連携して、徹底的な対策を講じたからである。

この戦争では、無人機が多用されているというのも、軍事技術的に見た特徴の一つだが、そのコントロールにおいても、スターリンクに接続したインターネットが活用された。民間のインターネット回線を通じての無人兵器のコントロールは、ドローンの普及とスターリンクの稼働がなければそもそも不可能である。つまり10年前であれば考えることすらできなかった。このような形でのサイバー空間と物理空間の連接は、2020年代前半という時代における特徴ということもできる。

また、サイバー空間と関連するこの戦争のもう一つの特徴は、携帯端末を使った情報発信が日常的に行われていることである。特に、テキストメッセージや写真だけでなく、テレビ放送にも耐えうるような高品質の動画の発信さえもがツイッターなどのSNSを通じて行われており、都市爆撃や戦場の惨状がリアルタイムに近い形で世界に伝えられている。

このことは、一方的に侵略を受けているウクライナ側に国際的な支持が集まる大きな要因となった。

湾岸戦争の時、米国のＣＮＮが空爆を受けるバグダッドから中継を行い、戦争報道を大きく変えたが、それでも、ごく最近までは大型のテレビカメラと衛星回線が確保できなければ戦場からの中継はできなかった。２００３年のイラク戦争でも、米軍側の映像は多く見られるものの、米軍の空爆を受ける都市からの情報がリアルタイムで発信されることはなかった。

ところが、現在では、高精細度の写真や動画を撮影可能なスマートフォンが広く普及し、それらを接続する無線ブロードバンド回線が機能し続けていることによって、メディアが入れない場所からも映像が多数発信されるようになっている。これは、戦場の現実を世界が認識する上で極めて大きな変化であり、15年前の２００７年（iPhoneが初めて発売したのは２００７年である）であれば実現しなかったことでもある。

このように、現在の形で宇宙やサイバーといった技術が戦争で使われているのは、２０２２年というタイミングによるものである。２０１４年のクリミア併合の際に大規模な戦争へとエスカレートしていたとするならば、現在のような形で宇宙やサイバー空間が利用されることはなかったであろう。

同じように、10年後に戦争が起こるとすれば、また違う形で技術が利用されていくと考えられる。例えば、この戦争では、ＡＩ技術はほとんど使われていない。しかし、将来の戦争では、深層学習技術を用いて精度を大きく向上させたセンサーや、無人機へのＡＩ技術の応用、あるいは現在急激に発達している生成ＡＩの軍事利用といったように、何らかの形でＡＩ技術を利用していくことは確実であろう。幸か不幸か、この戦争はまだその段階には至っていない。

（2）ロシア・ウクライナ戦争は「代理戦争」か？

ロシア・ウクライナ戦争は、イラク戦争やアフガニスタン戦争のように、遠く離れた軍事大国が介入してきたり、冷戦期の米ソがかかわる地域紛争のように、グローバルにエスカレートする危険を内包した戦争ではなく、基本的には隣国同士の局地戦である。繰り返すが、戦域がウクライナに留まる限り、定義上「世界大戦」となることはない。

同時に、米欧中露日が関わる「大国間競争」が復活したと捉えられている時代に起こっていることから、「大国間競争」に埋め込まれた戦争ともなっている。特に、中国の台頭によるパワーバランスの変化が、ロシアが米欧に対決的な姿勢を取りはじめる補助線として重要な意味を持つと考えられる。実際、ロシアは中国からの支援を得ようとしていること、また、米国もアジアにおける対中戦略とのバランスを取りながらウクライナを支援しなければならなくなっていることから、この戦争には、中国の「影」が色濃く落ちているといえる。

このように、「大国間競争」に埋め込まれた形でロシア・ウクライナ戦争が展開していることから、この戦争を代理戦争と捉える見方が根強く存在する。ここではその代理戦争論の是非を検討しておきたい。ただし、代理戦争という言葉は、政治的なレッテルとして使用される場合も多く、学問的にも、政策的にも操作可能な概念として定義することそれ自体が難しい。ここでは、大まかに狭義と広義の二つの意味があり得るものとして捉えることとする。

狭義の意味は、ＡとＢという国家があり、ＡがＢのパトロン的な関係にあるときに、Ａの意を体する形でＢが戦う場合である。代理戦争という言葉からイメージされるものはこうした形の戦争であろう。しかしながら、現実にそのような戦争が起こる可能性は低い。なぜならば、Ｂという国家にも独自の国益と戦略があり、それと反する形で、Ａの国益と戦略に奉仕するために戦争を戦う国家があるとはなかなか考えられないからである。

もしその戦争が、Bの国益と戦略にかなう形で戦われているのであれば、それがAの国益と戦略と一致するものであっても、「代わりに」戦うという意味での代理戦争にはならない。このような意味で、Bが戦争を戦い、それが結果としてAの国益にも寄与しているというケースを、ここでは広義の代理戦争として捉えることとする。その上で、「ロシア・ウクライナ戦争は代理戦争である」という立論が成り立つか検討してみよう。

代理戦争としてよく言われるのは、「米国がウクライナを代理としてロシアと戦わせている」という言説である。これはまず事実と反する。2022年2月24日に戦争を始めたのはロシアであって、ウクライナではない。ウクライナは、侵攻してきたロシアに対して、自らの意思で戦っている。米国は、戦うことを選択したウクライナから、支援を要請されたから支援しているのであり、戦う意思を持たないウクライナを先導して自らの「代理」として戦わせているわけではない。

支援にしても、戦車や戦闘機の供与を先延ばしにするなど、ウクライナ側の要望を下回るケースも少なくない。そもそも、米国がウクライナを代理としてロシアと戦わせているのであれば、支援を無制限に行い、ロシアを早期に打倒してしまうだろう。しかし米国はそういった動きをしていない。そのため、この戦争は、「ウクライナをアメリカの代わりに戦わせている」という狭義の代理戦争には当てはまらない。

なお、ロシアを早期に打倒するような方策を採っていないことの背景には、ロシアが巨大な核戦力を持っている国家であることがあるが、それだけではなく、現在の米国にとって最重要の戦略上の課題が中国であって、ロシアでないことも大きい。現在の米国にとってヨーロッパは第二戦線であり、第一戦線はアジアなのである。その意味で、ロシアとの有事は可能な限り避けたいとバイデン政権は考えていたし、第1章で述べたとおり、そうであるからこそ、2021年6月にはプーチンに対して融和的な姿勢を取ったのである。

一方、戦争が現実に始まった以上は、その事態に対応しなければならない。単に「侵略者を勝利させない」というだけでなく、ロシアがウクライナで勝利すれば、NATOの条約上の同盟国である東欧諸国の安全が危機に瀕する。それを予め避けるためにも、米国がウクライナを支援するのは戦略的必然でもある。しかし、ロシアに過剰なリソースを投入してしまうと対中戦略の実行を脅かす可能性があるから、支援には自ずと上限がある。そういったいくつもの国益上の相反するニーズの中から、現在の米国のウクライナへの支援は進められている。

そう考えると、広義の代理戦争も当てはまらない。この戦争は米国にとって、中国に割くべきリソースを別の正面に費やすことにはなっていても、主要な戦略課題である中国への取り組みを強化することには全くつながっていないからである。米国が直接軍事介入しないことをもって代理戦争とする議論もあるかもしれないが、巨大な核戦力を持っている相手との紛争に直接介入しないのは、前述の通り、冷戦期から続く基本的なパターンでもある。

なお、代理戦争論を検討するならば、ロシアの側にも適用されうるか議論されねばならない。そこで次に、指摘されることは少ないが、「ロシアが中国の代理となって戦争を行っている」という立論について検証しよう。ここにも、狭義の代理戦争論は当てはまらない。２０１４年のクリミア併合からの一連の流れは、何よりもロシアの国益のために進められてきたものであり、中国の国益のためではないからである。これらは、第1章で論じたように、それが「旧ソ連のような独立した勢力圏を形成する」ための動きであるから、あくまでもロシアの国益や戦略に基づくもので、中国のそれによるものではない。

ただしこの場合、広義の代理戦争論は当てはまり得る。なぜならば、前段で述べたように、中国からみれば、ロシアがウクライナに侵攻することは、米国のリソースをアジアとヨーロッパとに二分させることには寄与するからである。ロシアが優位に立ち、米国のより大きなリソースがヨーロッパに投入されるようなことになれば、中国に振り向けられるリソースがその分減ることになる。その意味で、ロシアによるウクライナ侵攻は、結果として中国の国益にかなうとも言い得る。だとすれば、こちらは広義の代理戦争の定義が当てはまるケースであると言える。

結局のところ、ロシア・ウクライナ戦争は、両国間のアイデンティティを巡る戦争であると同時に、「大国間競争」に埋め込まれた戦争でもある。その意味で、この戦争は、外部世界に対して非常に大きな影響を及ぼしており、中国とロシアの関係においては、広義の代理戦争論が当てはまり得るのである。

（３）「グローバリゼーション」後の戦争

冷戦終結後に世界で進んできた変化の最大のものは、グローバリゼーションであろう。冷戦終結によって東側ブロックが崩壊したことで、冷戦期に西側ブロックで進んできた市場経済同士の相互依存が世界大に広がり、世界を包み込む形でサプライチェーンが形成された。２０２０年代には、「大国間競争」の復活という形で、大国間の政治的関係は変化し、経済安全保障という形でサプライチェーンの再編も試みられているが、「ヒト・モノ・カネ」の流動化という意味でのグローバリゼーションは大筋では変わっていない。ロシア・ウクライナ戦争は、こうしたグローバリゼーションが進んだ世界で、「大国間競争」に埋め込まれる形で行われている。

　こういった戦争は、ある意味において初めてである。イラク戦争やアフガニスタン戦争の時も、グローバリゼーションは進んでいたし、中東における戦争は世界の石油市場に影響を及ぼすという意味で世界規模のインパクトを持ち得る。しかし、イラク戦争やアフガニスタン戦争は大国同士の戦争ではなかった。あくまでも米国および一部の同盟国とフセイン政権やタリバン、あるいは反米勢力との戦いであり、それを別の大国が支援しているということもなかった。

　しかしロシア・ウクライナ戦争は、ロシアという巨大な核戦力を持つ軍事大国と、旧ソ連圏で第二位の軍事力を持つウクライナとの戦争であり、国力バランスで劣勢にあるウクライナを米国や欧州の大国が支援している。つまり間接的ではあるが大国間の戦争となり、「大国間競争」に埋め込まれる形で戦われている。このことが、すぐれて複合的な性格をこの戦争に持たせることになった。

　戦略論を学べば必ず読む本に、カール・フォン・クラウゼヴィッツという19世紀のプロシア軍人が著した『戦争論』という本がある。その有名な一節に、戦争とは「政治的行為であるばかりでなく、政治の道具であり、彼我両国のあいだの政治的交渉の継続であり、政治におけるとは異なる手段を用いてこの政治的交渉を遂行する行為である」というものがある。[8]

　これは、戦争においては、平時とは異なる手段（＝軍事力）を用いて目的を達成しようとするが、軍事力はあくまでも政治的な目的を達成するために使用されるべき、という主張であり、それが広く受け入れられているからこそ、『戦争論』はいまでも読み継がれている。ただ、ここで言う「異なる手段を用いてこの政治的交渉を遂行する行為である」という一節には、戦争が始まれば、異なる手段、すなわち軍事力が外交に代わって交戦国との「交渉」を行うという読み方もできる。開戦とは、「フェイズを変える」行為であり、それまでの主要な交渉手段であった外交に代わり、軍事的論理がすべてを支配するようになるという意味を含み得るのである。

ロシア・ウクライナ戦争におけるＤＩＭＥの役割

　しかしこの戦争においては、戦場の状況は重要だが、すべてを支配しているわけではない。外交や経済的手段も、開戦前とは違う文脈で重要であり続けている。この点について考えて行く手がかりとなる概念として「ＤＩＭＥ」というものがある。ＤＩＭＥとは、外交（Diplomacy）、情報（Information）、軍事（Military）、経済（Economy）の頭文字を取ったもので、安全保障において重要な政策手段の組み合わせを指す[9]。ここで強調されることは、安全保障政策を展開する上では、軍事力だけに頼ってはならず、外交、情報、経済も活用していかなければならないということである。

　ロシア・ウクライナ戦争の開戦以来の経過を見ると、このＤＩＭＥのすべての要素が重要な役割を果たしていることがわかる。まず外交について見てみよう。

　ロシア・ウクライナ戦争は全世界を巻き込む世界大戦ではなく、ロシアとウクライナの間の局地戦であり、2カ国以外の国は直接戦闘していない。ところがそうした国々も戦争に無関係なわけではない。これらの国々の支持を得、可能ならば支援を獲得することが、2国間の戦況に大きく影響を与える。そしてそれはいうまでもなく軍事力によっては実現できない。そのために必要になるのが外交である。戦争が始まったからと言って、外交が後景に退いて軍事力がすべてを支配しているわけではない。

　実際、ロシアの侵攻開始後すぐに、まず国連を舞台として、ロシアを非難するための外交が展開された。常任理事国であるロシアが拒否権を持っているため、安全保障理事会の役割は限られていたが、ロシアを非難する国連総会決議が採択されるなど、ウクライナと米欧が連携して、ロシアを非難する国際世論を形成した[10]。さらに、国連のみならず、いくつかの多国間枠組みもこの戦争に関係している。Ｇ７サミットでは、ウクライナへの支援策が議論されているし、２０２３年７月の広島サミットではゼレンスキー大統領が電撃出席して支持を呼びかけた。ロシアがメンバーであるＧ20も、この戦争を巡る外交戦の舞台になっているし、また、ロシアもＣＳＴＯや上海協力機構の場を通じて、自らへの支持を得ようと外交的な努力を行っている。

外交は、国際的な支持を得るためだけでなく、自らの軍事力を強化するためにも行われている。ゼレンスキー大統領の米議会でのリモート演説（２０２２年３月）や、訪米しての演説（２０２２年12月）は、まさに米国からの軍事支援を取り付けることが大きな目的であった[11]。ロシアも、中国はもちろん、イランや北朝鮮からの軍事支援を得るための外交を行っている。

こうした外交的競争が最も顕著な形で顕れたのが、２０２３年３月、中国の習近平国家主席がロシアを訪問したのとまさに同じタイミングで日本の岸田首相がウクライナを訪問したことであった[12]。これは、「スプリットスクリーン」と言われるほどに対照的な首脳会談となったが、ロシア寄りの姿勢を取っている中国の指導者である習近平国家主席がプーチン大統領と会談し、中国の対露軍事支援も議題に上ったのではないかと疑われていたタイミングで、岸田首相がゼレンスキー大統領と会談し、民主主義諸国の団結の強さを示したことは、中露首脳会談がもたらした将来の戦局に対する漠然とした不安を払拭する効果を持った[13]。

次に情報である。ここで特に強調すべきは、ロシアとウクライナ双方が行っている情報戦であろう。双方ともにＳＮＳを通じた情報拡散を行い、自らの行為の正当性を印象づけようとしている。外交が国家に対し、自らへの支持を得るために行われているとすれば、情報戦は各国の国民の自国に対する支持を得るために行われている。個人が情報端末を持つようになっている現在では、ＳＮＳを通じての海外の個人への直接の情報発信も大きなインパクトを持ち得ることをこの戦争はまざまざと示した。

例えば、捕虜になったウクライナの軍人を射殺した映像がロシア側から拡散されたが、これは世界の多くの人々にロシアの残虐さを印象づけることとなった[14]。ただし、２０２２年のマリウポリ攻防戦で、実際には化学兵器を使用していないロシア側が化学兵器を使用したとウクライナ側が宣伝したことからもわかるように、この戦争における情報戦は双方が真偽取り混ぜた形で展開していることには注意が必要である。

なお、米国のSNSプラットフォームであるYouTubeやフェイスブックはロシア側のプロパガンダを阻止する手立てを取ったが、中国のSNSプラットフォームであるTikTokはそうした手立てを一切取っていない。そのため、TikTokを通じて、世界中にロシアのプロパガンダが拡散していることは懸念されている[15]。

DIMEの三つめに来る軍事は、既に論じているのでここでは省略し、経済を見てみよう。経済もまた、この戦争において大きな役割を果たしている。

何よりも、開戦前に、「侵攻すれば経済制裁を実施する」と米国があらかじめ宣言するなど、ロシアを抑止するためにも経済的手段が使用された。そして侵攻後には実際に経済制裁を実施し、またロシアの継戦能力を削り取っていくための半導体の禁輸などが行われた[16]。一方でロシアも、エネルギーの輸出国である立場を利用して、制裁実施国に対してエネルギー輸出を控えるといった圧力をかけた[17]。このように、戦場とは違う形で、経済力も戦争の手段として動員されている。また、ウクライナの穀物輸出が論点になり、国連の仲介を通してロシアも、黒海を通じた両国の穀物輸出のスキームに同意するなど、経済問題が戦争中の大きな政治問題として浮上したこともある。

このように、ロシア・ウクライナ戦争においては、ＤＩＭＥと言われる政策手段のすべてが動員されている。グローバリゼーションが進み、相互依存が進化し、サプライチェーンが世界大に展開するような時代においては、戦争の影響は交戦国に留まらない。それぞれの社会・経済・政治がグローバルに接続している以上、その影響はグローバルに広がっていく。そして同時に交戦国のいずれがグローバルに優位なポジショニングを取れるかということも、戦争の行く末に影響していく。そのため、戦争は軍事力によってのみ戦われるのではなく、それ以外の政策手段もまた重要なのである。

戦争の延長としての外交・情報・経済

同じくグローバリゼーションが進んだ時代における戦争であるイラク戦争やアフガニスタン戦争では、戦時におけるＤＩＭＥ全体の重要性がこれほどまでに浮き彫りになることはなかった。それは、イラクやアフガニスタンがグローバリゼーションに組み込まれていなかったことが大きな理由であろう。だとすれば、ＤＩＭＥ全体が重要になっているこの戦争の特徴は、今後の戦争においても基調的なトレンドとなっていく可能性が高い。特に、台湾海峡有事が万一発生してしまった場合、中国と台湾の双方がグローバリゼーションに深く組み込まれていることを考えれば、同じような現象が起こると考えるべきであろう。

なお、似たような概念として、第1次世界大戦と第2次世界大戦の間に提唱された「総力戦」という考え方がある。しかし、総力戦は、国家の持ちうるリソースすべてを軍事に投入すべきと考える思想である。ここでいう、グローバリゼーションが進んだ時代にDIMEすべてが戦争において重要な役割を果たすという考え方は、軍事のみならず、外交、情報、経済もそれぞれ別個に戦争目的を達成するために使用されていくという考え方であり、当時の総力戦概念とは根本的に意味が異なることは指摘しておきたい。しかし、それらが全て戦争の帰趨に重要な意味を持つという意味で、この戦争は史上初めての「デジタル時代の総力戦」と位置付けることができるかもしれない。

この戦争が示している現代の戦争の特徴は、戦争になればフェイズが切り替わり、軍事力がすべてを支配するようになるのではなく、戦争が始まったとしても、軍事力以外の政策手段も、戦争目的に寄与するために引き続き使用され続けることである。クラウゼヴィッツは、戦争を「他の手段による政治の延長」と規定したが、この戦争からは、逆に「戦争の延長としての外交・情報・経済」が展開していくと読み取ることができる。

つまり、戦場が外交・情報・経済に影響するのと同じように、外交・情報・経済も戦場に影響を及ぼす。これは、グローバリゼーションが進んだ時代の戦争の大きな特徴と捉えるべきであろう。とは言いながら、戦争である以上は、戦場の展開が大きな影響力を持つ。次節では、軍事に焦点を当てた上で、この戦争の終結に向けたシナリオについて考えてみたい。

2．ロシア・ウクライナ戦争の終わらせ方

(1) これまでの戦局

2022年2月24日、ロシアのウクライナ侵攻が開始された。まず行われたのは空爆と空挺部隊による侵攻である。空挺部隊はキーウ近郊のホストメリ空港に侵攻し、同空港守備部隊と交戦した[18]。この作戦の意図は、ホストメリ空港を制圧し、そこを策源地として特殊部隊をキーウに展開させるものであった。これら特殊部隊は、ゼレンスキー大統領の捕縛ないし殺害、すなわちいわゆる「斬首作戦」を任務としていたと推測される。

相手国指導者の「斬首作戦」はしばしば試みられる。しかしほとんど成功したことがない。2003年3月のイラク戦争では、開戦直前にフセイン大統領の居場所が判明したた

め、空爆スケジュールを変更してそこを爆撃したが、わずかの差でフセイン大統領の殺害に失敗した[19]。他にも、リビアのカダフィ、あるいはアルカイダのオサマ・ビンラディンなど、米国は何度か敵対陣営の指導者に対する「斬首作戦」を試みてきたがほとんど失敗してきた。「斬首作戦」ということでいえば、１９８９年から１９９０年の間にパナマに対して行われた「ジャスト・コーズ」作戦でパナマのノリエガ将軍を捕縛したのが希有の成功例といえる[20]。つまり、「斬首作戦」はそれだけ難しいということであり、ロシア・ウクライナ戦争でロシアが試みた「斬首作戦」も失敗に終わった。

それと並行して行われたのが地上侵攻である。ベラルーシ国境とウクライナ北東部のスムイ周辺の2方向からのキーウ侵攻、ハルキウ方面を経て南下する部隊とルガンスク人民共和国、ドネツク人民共和国を自称する地域からの侵攻を組み合わせたドンバス地方への侵攻、クリミア半島からのヘルソン州、ザポリージャ州を目指した侵攻と合わせて、北部、東部、南部からの侵攻が行われた。

このうち開戦当初に注目されたのはキーウへの侵攻である。戦争開始当初は、「数日でキーウが制圧される」という見通しがあったが、ゼレンスキー政権が徹底抗戦の意思を示したことと、ウクライナ軍の巧妙な作戦によって、キーウ攻略部隊は撃破され、ロシア軍はキーウ包囲を断念する。戦況に次の動きがあるのは4月下旬である。キーウ攻略に向かった部隊の残存部隊も転用して、ロシアはドンバス地方を狙った第2次攻勢を開始した[21]。しかし、第2次攻勢もまた、目立った成果を挙げられなかった。マリウポリ攻防戦が予想外に長引いたことと、やはりまたウクライナ側の巧妙な作戦指揮によって北方からの攻勢軸であったハルキウ周辺から押し出されたことで、十分な突破を行うことができなかったのである。

　こうした状況に直面して、ロシアは再び作戦重心を変更する。それまでの作戦の中でも比較的順調に進展していたルハンシク州から西方向への攻勢を中心にする形で部隊を再編し、ルハンシク州の臨時州都であるセベロドネツクに焦点を絞った攻勢をかけたのである。この時、戦局に大きな変化をもたらしたのは、セベロドネツクの西南西35㎞あまりの位置にある、ポパスナ方面でのロシア軍の突破であった。この突破により、ドネツク州中部のバフムトからセベロドネツクへの補給線が危機に瀕し、またこの地域（ドンバス突出部先端の南方を守備していた部隊）のウクライナ軍が包囲されそうになったことで、最終的にウクライナは、セベロドネツクを放棄し、部隊の保全を図ることになる。

　この一連の戦いで特徴的に見られたのが、ロシアの火力重視の戦いであった。榴弾砲や多連装ロケットランチャーを中心に、最前線に集中的な砲撃を加え、ウクライナ軍に損害を与えた上で戦車と歩兵を組み合わせた前線部隊を前進させる。そしてウクライナ軍の抵抗でその部隊の前進が阻止されたら、再び砲撃を集中し、火力でウクライナ軍に損害を与えていく戦い方である。ウクライナと比べたロシア側の比較優位は火力の優勢にあるから、自らの「強み」を引き出す合理的な戦い方であった。２０２３年5月現在、セベロドネツク攻防戦が展開していた２０２２年5月下旬から6月中旬までの時期が、この戦争が始まって以来ロシア側が最も優位に作戦を展開させていた時期であったといえる。

アメリカによるハイマースの供与

この状況を転換したのがアメリカによるハイマースの供与である。ハイマースは、多連装ロケットランチャーの一種で、6発のロケット弾を搭載可能な発射モジュールを積んだ大型トラックのような兵器である。ハイマースの特徴は、そこから発射するロケット弾が、ＧＰＳで精密に誘導され、精密にターゲットを射抜くことである。座標が絶えず変化する移動目標の攻撃はできないが、固定目標に対しては確実に命中させることができる。具体的には、前線部隊に弾薬・燃料・食料を供給するための補給拠点や、補給物資の輸送経路が集まるチョークポイント（橋など）、そして戦闘部隊を指揮する司令部の攻撃に用いた場合に大きな効果をもたらす。

　アメリカからのハイマースの供与が始まったのが6月下旬だが、ウクライナ軍は、ハイマースの特徴を発揮するための作戦コンセプトを理解し、的確に運用した[22]。ロシア側の弾薬庫にターゲットを絞って集中的に攻撃し、前線に供給される砲弾の数を大きく低下させることに成功したのである。このため、5月下旬から6月中旬にかけて猛威を振るったロシア側の前線火力が大きく低下した。それに伴いウクライナ側の前線部隊が受ける圧力も緩和された。

　このハイマースによるロシア側の弾薬補給への攻撃により、ウクライナ側は反撃のための「時間と空間」を得ることができた。その結果、２０２２年8月末から9月上旬にかけて、戦局は大きく転換する[23]。ウクライナはまず、8月29日には南部ヘルソン方面での反攻を開始した。この方面での作戦は大きな進捗を見せなかったが、9月6〜8日に大きく状況が変わる。ロシア側の虚を突く形で、ヘルソン方面から５００㎞も離れた北部のハルキウ方面から一気に機械化部隊がロシア側の戦線を突破したのである。ウクライナ側は、３日間で50㎞の突破に成功し、広島県の面積に匹敵する大きさの国土を奪回した。突破距離といい、それがもたらした戦略的インパクトといい、現代戦史に残る反攻作戦となった。

その後、季節が冬になったこともあり、戦線は膠着する。ロシアはその間も電力インフラを狙った爆撃を繰り返し、またドネツク州北部のバフムトを狙った攻勢を継続し、激戦が展開されるが、全体として大きな動きはなく、現在（２０２３年５月）を迎えている。ただし、２０２３年１月に米欧が決定した米欧製の戦車の支援と訓練が進展しており、ウクライナがいずれかの段階で反攻作戦を開始することは必至とみられている。この反攻作戦は戦争終結にどのような影響を及ぼすのか。その前に、この戦争の行く末を考える上でのもう一つの重要な問題について考えておきたい。核兵器である。

（２）ロシア・ウクライナ戦争における「核の影」

ロシア・ウクライナ戦争は、核兵器使用の可能性が常に意識される戦争でもある。事実、開戦以来ロシアが何度か核恫喝を行っており、現在は、冷戦終結後、最も核使用のリスクが高まっている状況といえる。であると同時に、２０２３年５月現在、核兵器は使用されていない。その意味で、核抑止は機能しているといえる。

ただし、この戦争においては非対称な形で核抑止が作用している。言うまでもなく、ロシアは米国と並ぶ核の超大国であるが、ウクライナは核兵器を保有していない。そのため、ウクライナに対しては、条約上の同盟国ではないが、やはり核の超大国である米国がバーチャルな核抑止を提供している状況にある。そのことが、ウクライナが核兵器を保有していないにもかかわらず、ロシアの核使用が抑止されている大きな理由になっている。ロシアは、米国の直接参戦はもちろん、武器支援をためらわせる効果を核抑止に期待している。一方、米国は、ロシアによる核兵器の使用を抑止することが核抑止の役割になっている。

核兵器使用が想定される場面

では、この戦争において核兵器が使用されるとすればどのような状況だろうか。ここではその点を考える上での前提を二つ確認しておきたい。

一つは、核兵器の使用の決定についてである。ロシアの場合で言えば、軍事ドクトリンという形で、核兵器を使用する状況の基準をある程度明らかにしている[24]。しかし、核戦略の専門家の間では、何らかの条件が設定されていて、その条件が満たされれば核兵器が使用される、あるいは条件が満たされなければ核兵器は使用されない、と考えるのはアマチュアである[25]と言われている。核兵器の使用は、事前に公表された基準に基づくものではなく、その瞬間におけるその国の最高指導者自身の主観に基づいて決定されるからである。つまり、ロシアの核兵器の使用はプーチン大統領という個人が下す判断によって決まるのである。

もう一つは、核兵器の使用のされ方である。核兵器には、戦術核と戦略核とがある。戦術核は、基本的には戦場で使うことを主目的として設計された兵器であるから、一般的に威力が小さくなる。一方、戦略核は、相手の核戦力や本土の都市を攻撃するために設計された兵器であり、一般的に威力は大きい。こうした違いがあることから、威力の小さい戦術核の方が使いやすいと考えられることが多い。

しかし筆者は、この戦争について言えば、爆発威力から使用の可能性の大小を推測することは適当ではないと考えている。理由は、爆発威力が大きかろうと小さかろうと、核兵器は核兵器であり、威力が小さければ「使いやすい」というような単純なものではないからである。むしろ爆発威力は、どのような目的で使用されるかによって決まるだろう。そこで、具体的に核兵器の使用目的を考えるとすれば、相手の軍事力を破壊する軍事的効果のために利用されるか、相手の抗戦意思の破壊を期待する政治的効果のために使用されるかのいずれかであろう。前者の場合にターゲットになるのは前線の戦闘部隊であろうし、後者の場合には都市が狙われる可能性が高い。

ここでポイントになるのは、後者の政治的効果を狙った核使用の場合に重要なのは心理的インパクトであるから、「核兵器」でさえあれば、威力にかかわらず効果が期待できることである。すなわち、都市攻撃に使うとすれば核兵器の威力は小さくても十分であるといえる。一方で、戦場で前線の戦闘部隊に対して使うとすれば、物理的な破壊力の大きさが必要になるため、核兵器の威力が大きくなければならなくなる。つまり、逆説的だが、政治的効果を重視した都市攻撃に対しては戦術核が使われる可能性が高く、軍事的効果を重視した戦場での核使用においては戦略核が使われる可能性が高くなると考えられるのである。

プーチンが核兵器の使用を考える状況とは

以上の前提で、プーチン大統領が核兵器の使用を考えるとすれば、まず核使用による利益が、それに伴うコストを上回ると認識することを前提として、大まかに言えば以下の二つの状況においてであろう。一つは、「核兵器の使用によって決定的な勝利を得ることができる」ときであり、もう一つは、「核兵器の使用によって決定的な敗北を回避する」ときである。

しかしながら、開戦直後ならまだしも、全体の戦局が膠着している現在、前者のシナリオはなかなか考えられない。前線ないし都市で核兵器を使用したとしても、ウクライナが抗戦を諦めるとは考えにくいからである。ウクライナ国内においては、既にマリウポリやバフムトは核攻撃を受けたのとほとんど変わらないような破壊を受けており、新たに別の都市が同じような破壊を受けたとしてそれでウクライナ側の抗戦意思が砕けるとは考えにくい。また、仮に核兵器の使用によって一時的な優位をつかんだとしても、核使用が米国の介入を招いた場合には、せっかくの優位を失い、状況はむしろ核使用の前よりも悪化してしまう可能性もある。

では後者の「決定的な敗北を回避する」シナリオはどうか。これは具体的には、戦場においてロシア軍が大敗し、通常戦力ではウクライナ側の進撃を阻止できなくなった場合に現実化する可能性がある。核兵器を使用しなければ占領地を維持できない、あるいはウクライナ側からロシア領への逆進攻のリスクまであるというような状況になれば、プーチン大統領が核使用を考慮する可能性は一定程度存在する。もちろんこの場合でも、核兵器の使用が米国の介入を招く可能性はある。しかしながら、どのみち戦場で負けているということであれば、米国の介入によってもそれほど状況は変わらないと判断する可能性もある。

むしろ逆に、米国の介入に対しても核使用で対抗すると恫喝することで、米国の介入自体を抑止できると考える可能性すら存在する。ウクライナが2022年9月にハルキウ反攻を成功させ、北部戦線でのロシア軍が壊滅状態に陥り、ウクライナ軍がロシア国境まで進出したときが、開戦後にこの種類のシナリオに最も近づいた状況であった。そのため、このタイミングで米国もロシアに対して極めて強いメッセージを送っている[26]。ただし、この時はプーチン大統領は核使用の決断を行わなかった。むしろ30万人の動員令を発することで、通常戦力を再建する道を選んだ。つまりこの段階でも、プーチン大統領にとっての「決定的な敗北を避ける」ためのファーストチョイスは通常戦力の再建だったといえる。

いずれにしても、プーチン大統領が核兵器の使用を考慮する際、核兵器使用による利益だけでなく、それに伴うコストも検討するであろう。コストが利益よりも大きいとプーチン大統領が考える限り、核兵器が使用される可能性はない。そのコストのうち、最大のものが米国の介入である。その意味で、米国の反応についてのプーチン大統領の認識が、核抑止を機能させる上で最大の変数だということになる。

なお、ここで言う米国の介入は、核報復に限られない。通常戦力による介入もオプションとしては考えられる。実際、仮にロシアが核兵器をウクライナに対して使用し、米国がウクライナにいるロシア軍に対して核兵器を使用するとすれば、ウクライナは2波にわたる核攻撃を受けることになる。そう考えていくと、米国が介入するとしても、それは核報復の形ではなく、通常戦力による介入の形を取る可能性の方が大きいと言える。

しかしながら、ゼレンスキー大統領が、米国の核兵器による報復を望んだ場合にはその限りではない。実際、これまでもウクライナの国土は通常戦力によって大規模な破壊を被っている。もし米国の核報復が戦局を大きく変えるとゼレンスキー大統領が考えるならば、核使用を容認する可能性はある。そのとき、米国は、核報復に踏み切るか、あくまで通常戦力による介入にとどめるか、重大な決断を迫られることになる。

なお、その際に介入を通常戦力にとどめたとしても、その後の展開は予測が難しい。詳細は次節で述べるが、なぜならば、米軍が介入したとしても、実際にはそれが「戦争を終わらせる」ことにつながる可能性は低いからである。次節では、「戦争を終わらせる」シナリオとしてどのようなものが考えられるか、その問題を議論していきたい。

3．ロシア・ウクライナ戦争終結のシナリオ

（1）戦場で決着は付くのか

当たり前だが、戦争には相手がいる。そのため、一方の計画通りには戦況は進んでいか

ない。一方が優位を獲得したとしても、それが永続するとは限らない。なぜならば、もう一方はその優位を打ち消すような対策を講じていくからである。

この戦争でも、ロシアの開戦初期の急進撃に対して、ウクライナは機動防御で対応し、首都キーウ前面でロシア軍の撃破に成功した。一方ロシア軍も、自らの優位を生かすために火力中心の戦いに切り替え、セベロドネツク攻防戦ではウクライナ軍の精鋭部隊を包囲撃滅する寸前まで持ち込むことができた。８月上旬には、そのロシアの戦い方に対してウクライナがハイマースという精密火力によって対抗し、ロシアの砲弾補給を阻み、戦場におけるロシアの火力の優位を打ち消し、９月のハルキウ反攻の成功に結びつけた。それに対してロシアは、前線ではなく、後方の都市の電力インフラを攻撃することでの劣勢の挽回を図った。ウクライナ国民はその攻撃に耐え抜いて冬を切り抜け、２０２３年５月現在反攻を準備しているとみられる。

この戦争は、今後も、一方が優位を獲得したとしても、それを打ち消すような方策をもう一方が講じていく形で、一進一退の戦局が長く続いていく可能性が高い。仮にウクライナが再度の反攻で大勝利を収め、さらに占領地を奪回したとしても、ロシアはさらなる動員を行って兵力を増加させて防御を固めるであろう。最悪の場合は核兵器を戦場で使用してウクライナ軍の反撃を食い止めることさえあり得る。一方、ロシアが戦場で優位に立った場合には、米欧からの武器支援のレベルがまた上がっていく可能性がある。事実、２０２２年秋から冬にかけての電力インフラ爆撃に際しては、対空ミサイルの供与を加速させることとなった。このような意味で、双方ともに決め手を欠く形で、戦闘が長期化していく可能性が高い。

また、見逃されがちな論点だが、ウクライナが戦場で大勝利を収め、現在ロシアに占領されている国土をすべて奪回したとしても、それで戦争が終わるとは限らない。プーチン大統領にとって、この戦争が、「旧ソ連的な勢力圏」を再構築するためにウクライナを「ロシアの一部」にすることが目的だとすれば、侵攻軍がウクライナ領内から排除されたことそれ自体は戦争をやめる理由にはならないからである。その場合、爆撃は継続されるであろうし、ある程度の時間はかかるがさらなる動員を行って軍を再編成して再侵攻するなどの形で、戦争を継続しようとするだろう。

前節で、米軍が軍事介入したとしても戦争が終わる可能性は低いと述べたのは、これが理由である。米軍が空爆を行うことになれば、戦場においてウクライナ軍が優位に立つことはできるであろうし、占領地をすべて奪回できる可能性も高まるだろう。しかし、それはロシア軍をウクライナ領内から排除しただけに過ぎず、ロシアが継戦を断念するとは限らない。もちろん、ウクライナ軍がロシア領に逆進攻してモスクワを占領すればロシアに戦争をやめさせることはできるであろうが、実際にそのような作戦が可能とも思えないし、万一実行されれば、ロシアは核兵器を使用するであろう。そう考えると、米軍が介入したとしても、そうした作戦が行われる可能性は皆無と言わざるを得ない。

この意味で、この戦争は「戦場で終わらせる」ことはおそらくできない。一方、逆に言えば、戦場の情勢にかかわらず、プーチン大統領が、ウクライナを「ロシアの一部」とすることを諦めるならば、この戦争はその翌日にでも終結するということである。よって、この戦争を終わらせるシナリオそれ自体を考えることはできる。ただしそれは戦場以外の要素も考慮しなければならない。こうした考察を踏まえ、次節ではロシア・ウクライナ戦争を終結に導くシナリオを考えてみる。

(2) 終結に向けた三つのシナリオ

第1章で述べたとおり、ロシア・ウクライナ戦争は、「ヨーロッパの一部」となることを望む現在のウクライナと、旧ソ連時代に近い形で「ロシアの一部」に組み込もうとするプーチン大統領との間の戦いとなっている。これは、「自分が何者であるか」、すなわちアイデンティティを巡る対立に基づくものであり、そうだとするならば、両者の「落とし所」を探ることは事実上不可能である。米欧に対抗して「旧ソ連的な勢力圏」を再構築しようとするプーチン大統領にとっては、ウクライナが「ヨーロッパの一部」となることはいかなる形においても受け入れられないであろうし、同じ理由でウクライナも「ロシアの一部」になることは受け入れられないであろうからだ。

　そして、前節で述べたように、戦場における展開によって終戦に導くことが難しいと予測されることを合わせて考えると、この戦争は数年単位で続いていくと考えざるを得ない。その前提の元で、「戦争を終わらせるシナリオ」をあえて示してみよう。

①　軍事的現実の政治的固定化

　第1が、「その時点での軍事的現実を政治的に固定化する」終わり方である。これは一般的な停戦協議の道筋である。2014年のクリミア併合の後で展開したドンバス紛争に際して成立したミンスク合意はこうした性格がある。この場合は、合意成立時点でのロシアの占領地をロシア領とする一方、ロシアがウクライナに対する軍事行動を停止するという形での終戦ということになる。

ただしこれには二つの問題がある。一つは、停戦合意がその後遵守されるかどうかについての保証がないことである。ロシアは国力が復活するまでの時間を稼いで再侵攻を図るかもしれないし、ウクライナも失った領土の奪回を狙った軍事行動を行う可能性がある。双方に合意を遵守させるためには、停戦監視部隊を含む相当強固な国際的なコミットメントが必要となる。

もう一つは、ブチャの虐殺や、他の都市で続々と発覚したロシアの戦争犯罪から明らかなように、ロシアの占領地内に置き去りにされたウクライナの民間人に対して深刻な人権侵害が発生していることである[27]。すなわち、ウクライナとしては、領土をロシアに譲ることは、そこに住む民間人を見殺しにするのと同様になってしまっている。だとすれば、こうした形の終戦を受け入れる可能性は極めて小さい。可能性があるとすれば、占領地をすべて奪回したあとのことであろう。前述したとおり、それでプーチン大統領が戦争をやめるとは考えにくいが、少なくともウクライナ側には戦争を終結させる理由となる。

歴史的に言えば、この形で戦闘が終息したケースとして朝鮮戦争を挙げることができる。朝鮮戦争は、1950年6月の開戦当初は北朝鮮が圧倒的に優勢で、釜山寸前まで侵攻した。その後米軍が1950年9月に仁川上陸作戦を成功させて反攻、鴨緑江まで迫ったところで1950年11月に中国人民義勇軍が参戦して戦線を38度線まで押し戻し、その後膠着状態が続くという経過をたどった。その状況で2年以上も消耗戦が続き、米国、中国、北朝鮮が署名した1953年7月の休戦協定に至る。ただしこれは、3年もの期間にわたって戦闘が続き、米中双方が戦争停止を望んだことが大きい。双方ともに戦争のコストの大きさに耐えかねて、終結を目指したのである。それでも、韓国は休戦協定に反対し、李承晩大統領は署名を拒否した。

このシナリオをロシア・ウクライナ戦争に当てはめる場合に、これは参照すべき事例といえる。当時の李承晩大統領の立場と現在のゼレンスキー大統領の立場は近い。しかし朝鮮戦争の戦闘の主体は米軍であり、米国が休戦を望んだことが休戦の前提条件をつくりだしたのに対し、ロシア・ウクライナ戦争はウクライナが単独で戦っている。そのため、ウクライナの意思を無視して戦争を終結させることはできない。つまりこのシナリオは、厳しい消耗戦が続き、ロシアとウクライナ双方がとにかく戦争の終結を望むようになることが前提となるわけだが、そうなるのは激しい戦闘が今後数年間続いてからのことであろう。

② 軍事と政治にまたがるバーゲニング

第2のシナリオは、「軍事と政治にまたがるバーゲニングの結果としての終戦」である。これは、一方が軍事面において譲歩し、もう一方が政治面において譲歩するといった形で、単に軍事的現実の固定化に留まらない形で終戦の姿を描いていこうとするものである。

例えば、ウクライナが、一部の占領地の奪回を諦めてロシアに割譲し、その一方でロシアは、ウクライナが「ヨーロッパの一部」となることを認め、ＮＡＴＯ加盟やウクライナへの米軍の駐留を受け入れることである。この場合は、第1のシナリオで問題になる、合意遵守の問題を解決することができる。ＮＡＴＯに加盟すれば北大西洋条約第5条が適用されるし、ＮＡＴＯに加盟しなくとも米軍が駐留すれば、ロシアの再侵攻に対して米軍が自動介入することが事実上保証されるからである。

しかしこれも現状では少なくとも二つの大きな障害がある。一つは、第1のシナリオと同様、ウクライナがロシアに一部の国土を譲り渡した場合に、そこに住んでいる民間人の人権が深刻な形で侵害される可能性が高いため、ウクライナがそれを受け入れる可能性が極めて小さいことである。もう一つは、このシナリオではウクライナが「ヨーロッパの一部」になることが確定することである。それはロシアの志向する、「旧ソ連的な勢力圏」

の構築を不可能とする。

だとすると、この戦争が、アイデンティティを巡る戦争であり続ける限りは、第2のシナリオが成立することはあり得ないことになる。逆に言えば、ロシアが激しく消耗し続け、「旧ソ連的な勢力圏」の構築を諦めて戦争の終結を目指すようになる状況が前提だと言える。これもまた、今後数年以上にわたって激しい戦闘が継続するのが前提とならざるを得ない。

歴史的に言えば、似たようなケースとして第4次中東戦争後にイスラエルとエジプトの間で1978年に締結されたキャンプ・デービッド合意を挙げることができる。キャンプ・デービッド合意では、イスラエルが第3次中東戦争の結果占領していたシナイ半島をエジプトに返還するのと引き換えに、エジプトがイスラエルを国家として承認し、平和条約に向けた交渉を行うとされた。それに伴い、1979年にエジプト・イスラエル平和条約が締結される。ただしこれも、イスラエルの独立宣言に伴って1948年に勃発した第1次中東戦争から、実に約30年を経ての合意だったのである。それを考えても、こうした形での戦争終結にも、長い時間がかかると考えざるを得ない。

③　ワイルドカードイベントの発生

第3のシナリオは、「ロシアの変化を促すワイルドカードイベントの発生」である。繰り返すが、ロシアがウクライナを「ロシアの一部」にすることを追求し続ける限り、この戦争が終結する可能性は低い。一方、ロシアがそれを諦めれば、戦争はすぐに終わる。ロシアが「諦める」ことを余儀なくされるようなイベントが突発的に発生した場合が、この第3のシナリオである。

　理論的には、このシナリオには二つのサブシナリオが考えられる。一つは、プーチン政権の転覆などモスクワでの政変である。ウクライナへの侵攻を主導してきたプーチン大統領が失脚することで、ロシア自体が戦争を「諦める」というのがこの道筋である。しかしながら、このシナリオにもいくつかの問題がある。まず、プーチン政権が転覆したとして、その後の政権が穏健な政策を採るとは限らない。ウクライナ侵攻はプーチン大統領だけが独走して決定されたとは考えられておらず、ロシア国内にはそれ以上の強硬派もいるとされている。そのため、プーチン大統領の失脚が自動的にウクライナについての柔軟姿勢を取ることを意味するわけではない。

　仮に民主化革命のような政変であれば、戦争終結に向けた動きになろうが、冷戦終結時、東欧諸国の多くでは民主化革命が発生したのに対し、ロシアではそのような革命は起こらなかったことは参照すべき事例となろう。１９９１年に軍事クーデターが起こったが、それは民主化革命とは逆の、共産党支配を復活させるためのクーデターであった。当時起こらなかったことが、いま起こるとは考えにくい。プーチン大統領による国内の世論統制はある程度うまくできていることを考えると、民主化革命による政変というのは、理論的には考えられても現実的には可能性は極めて低いだろう。

もう一つのサブシナリオが、ベラルーシにおける政変である。親露姿勢を取り続けたルカシェンコ体制が崩壊し、親欧米的な民主化体制が成立すれば、ロシア・ウクライナ戦争の前提にある地政戦略的な構造が一変することになる。既にベラルーシは、米欧に対抗するための「旧ソ連的な勢力圏」に組み込まれつつあるが、それがウクライナ同様に離脱してしまうことになると、この戦争に臨むロシアの戦略自体を見直さなければならなくなる。

このような事態が起こると、ロシアはウクライナの侵攻部隊を撤収させてでもベラルーシにおける事態を収束させるために介入することを検討せざるを得ない。そうなると、ウクライナにおける情勢は大きな転換を見せることになる。もちろん、ルカシェンコ政権自体、２０２０年の選挙後の民主化運動で崩壊の危機に瀕したことから、現在では反政府運動への厳しい弾圧を行っており、民主化に向かう形での政変が起こる可能性は残念ながら低い。ただし、２０２３年５月９日にモスクワで行われた対独戦勝パレードに登場したルカシェンコ大統領は体調がいちじるしく悪かったとみられており、突発的な政変の可能性はありえる。

ここで挙げた、二つのサブシナリオであるモスクワにおける政変もベラルーシにおける政変も、現実的に可能性があるというよりは理論的な可能性に留まるものである。しかし同時に、政変は何の前触れもなく起こるものでもある。そういった意味で、文字通りのワイルドカードシナリオといえる。

終戦に向けたシナリオの実現性が低い理由

現段階で、ロシア・ウクライナ戦争を終結に導くシナリオとしては、上記の三つを挙げることができる。しかし、２０２３年５月の見通しとしては、いずれも可能性は低い。この戦争がそれほど長く続かずに終わるとすれば、第３のワイルドカードシナリオのみであろうが、これは文字通りのワイルドカードであり、現実の可能性として議論するようなものではない。そう考えると、戦争が長期化していく中で、第１か第２のシナリオで終息していくことが、現実的に考えられるシナリオであろう。

なお実際に戦争が終結するとすれば、これらが複合する形になるかもしれない。例えば、ウクライナが占領地をすべて奪回したうえで、ロシアで政変が起こり、占領地がすべて奪回された状況を政治的な現実として固定する合意をロシアとウクライナの間で結び、合意遵守のための保障として米軍が駐留するといったものである。

ただし、複合的なものであれ、単独のものであれ、終戦に向けたシナリオが実現する可能性は短期的には低いと言わざるを得ない。それには二つの理由がある。

一つは、ロシアの戦争目的がウクライナを「ロシアの一部」とすることでありつづけるであろうからである。それが続く限り、戦争終結を見通すことは難しい。ロシアの戦争目的が変われば戦争終結の可能性が生まれることになるが、それは第3のワイルドカードシナリオが実現したときか、長期戦に伴うコストにロシアが耐えられなくなったときであろう。つまり、ワイルドカードシナリオが起こらない限り、ロシアの側から、戦争を早期に終わらせる理由は生まれないことになる。

もう一つは、ロシアの占領地に取り残されたウクライナ国民の人権が深刻な形で侵害されており、ウクライナとしてその現実が許容できないことである。これについては、ウクライナが占領地をすべて奪回すればある程度は解決する。そうすれば、これまでの人権侵害は取り戻せないとしても、その後の侵害を防ぐことはできるからである。

だとすれば、戦争を終わらせるために国際社会がなすべきことは、ウクライナが占領地をすべて奪回できるように支援していくことであろう。それが実現すれば、少なくともウクライナの側には戦争を終結させる理由が生まれるからである。もちろんそれでも戦争の終結は難しいだろう。しかし双方に戦争を継続させる理由があるときよりも、少なくとも片方が戦争を終結させたいと考えているときの方が、戦争終結の可能性は高くなる。

註

（1） The White House, “Remarks by President Biden Announcing Actions to Continue to Hold Russia Accountable,” (March 11, 2022), https://www.whitehouse.gov/briefing-room/speeches-remarks/2022/03/11/remarks-by-president-biden-announcing-actions-to-continue-to-hold-russia-accountable/.

（2） The Commission on the Intelligence Capabilities of the United States Regarding Weapons of Mass Destruction, “Report to the President of the United States,” (March 31, 2005), https://govinfo.library.unt.edu/wmd/report/wmd_report.pdf.

(3) The White House, "Remarks by the President at a Campaign Event,"（January 19, 2012）, https://obamawhitehouse.archives.gov/the-press-office/2012/01/19/remarks-president-campaign-event.

(4) U.S. Department of Defense, "Quadrennial Defense Review Report,"（February 2010）, https://dod.defense.gov/Portals/1/features/defenseReviews/QDR/QDR_as_of_29JAN10_1600.pdf.

(5) 中山俊宏「オバマ外交とはなんだったのか」『理念の国がきしむとき：オバマ・トランプ・バイデンとアメリカ』（千倉書房、２０２３年）、45–55頁。

(6) Reality Check and BBC Monitoring, "Bucha killings: Satellite image of bodies site contradicts Russian claims,"（April 11, 2022）, https://www.bbc.com/news/60981238.

(7) Rain Ottis, "Analysis of the 2007 Cyber Attacks Against Estonia from the Information Warfare Perspective,"（October 2018）, https://ccdcoe.org/uploads/2018/10/Ottis2008_AnalysisOf2007FromTheInformationWarfarePerspective.pdf.

(8) クラウゼヴィッツ（篠田英雄訳）『戦争論　上』（岩波書店、１９６８年）電子版、81頁。

(9) これに財政（Financial）、諜報（Intelligence）、法執行（Law enforcement）を加えてDIME net FILと呼ばれることもある。

(10) United Nations General Assembly, Eleventh Emergency Special Session, "Aggression against Ukraine,"（March 2, 2022）, https://documents-dds-ny.un.org/doc/UNDOC/GEN/N22/293/36/PDF/N2229336.pdf.

(11) President of Ukraine, "Address by President of Ukraine Volodymyr Zelenskyy to the US Con-

gress," (March 16, 2022), https://www.president.gov.ua/en/news/promova-prezidenta-ukrayini-volodimira-zelenskogo-pered-kong-73609; President of Ukraine, "We stand, we fight and we will win. Because we are united. Ukraine, America and the entire free world - address by Volodymyr Zelenskyy in a joint meeting of the US Congress," (December 22, 2022), https://www.president.gov.ua/en/news/mi-stoyimo-boremos-i-vigrayemo-bo-mi-razom-ukrayina-amerika-80017.

(12) 外務省「日・ウクライナ首脳会談」（２０２３年３月22日）、https://www.mofa.go.jp/mofaj/erp/c_see/ua/page4_005820.html.

(13) MichelleYe Hee Lee, "Visit by Japan's Kishida to Kyiv gives sharp contrast to Xi in Russia," *The Washington Post*, (March 21, 2023), https://www.washingtonpost.com/world/2023/03/21/japan-fumio-kishida-ukraine-visit.

(14) Adam Taylor, "Video of alleged POW killing angers and inspires Ukrainians," *The Washington Post*, (March 7, 2023), https://www.washingtonpost.com/world/2023/03/07/ukraine-pow-tymofiy-shadura.

(15) David Klepper, "TikTok propaganda labels fall flat in 'huge win' for Russia," *AP News*, (March 30, 2023), https://apnews.com/article/tiktok-russia-propaganda-labels-ukraine-kremlin-china-88ecd866a2c34218ebbaccb45e435c12.

(16) 経済産業省「対ロシア等制裁関連」、https://www.meti.go.jp/policy/external_economy/trade_control/01_seido/04_seisai/crimea.html.

(17) Uliana Pavlova and Anna Cooban, "Russia cuts off gas exports to Europe via Nord Stream in-

definitely," *CNN Business*, (September 5, 2022), https://edition.cnn.com/2022/09/02/energy/nord-stream-1-pipeline-turned-off/index.html.

(18) Mason Clark, George Barros, and Kateryna Stepanenko, "Russia-Ukraine Warning Update: Initial Russian Offensive Campaign Assessment," (February 24, 2022), https://www.understandingwar.org/sites/default/files/Initial%20Russian%20Offensive%20Campaign%20Assessment.pdf

(19) Williamson Murray and Robert H. Scales, Jr., *The Iraq War: A Military History*, (The Belknap Press of Harvard University Press, 2005), pp155–157.

(20) Robert Leonhard, *The Art of Maneuver: Maneuver-Warfare Theory and AirLand Battle*, (Ballantine Books, 1991), pp.208–220.

(21) この時期の戦局の分析については、下記を参照。高橋杉雄、小泉悠「【緊急対談第2弾】高橋杉雄×小泉悠　ウクライナ戦争１００日の「天王山」（上）」（２０２２年6月14日）（https://www.fsight.jp/articles/-/48937）、高橋杉雄、小泉悠「【緊急対談第2弾】高橋杉雄×小泉悠　ウクライナ戦争１００日の「天王山」（下）」（２０２２年6月15日）（https://www.fsight.jp/articles/-/48938）.

(22) Vivian Salama, "Ukraine's Defense Minister Says It Has 'Passed Test' on New U.S. Guided Rockets, Needs More," The Wall Street Journal, (July 10, 2022), https://www.wsj.com/articles/ukraines-defense-minister-says-it-has-passed-test-on-new-u-s-guided-rockets-needs-more-11657455388.

(23) 高橋杉雄「ロシア・ウクライナ戦争：戦局の転換――第二次ハルキウ反攻はなぜ成功したか」『国際情報サイト　新潮社フォーサイト』（２０２２年10月3日）、https://www.fsight.jp/articles/-/49218.

(24) 小泉悠「ロシア：ロシア版『エスカレーション抑止』戦略をめぐって」秋山信将、高橋杉雄編『「核の忘却」の終わり：核兵器復権の時代』（勁草書房、２０１９年）45–72頁。

(25) この点については、高橋杉雄「核使用を防ぐために必要なこと：ロシア・ウクライナ戦争における『核の影』」『外交』第73号（２０２２年5月）14–19頁を参照。

(26) Jennifer Hansler and Kylie Atwood, "Blinken says the consequences for using a nuclear weapon have been conveyed to Putin," *CNN Politics*, (October 27, 2022), https://edition.cnn.com/2022/10/26/politics/blinken-putin-nuclear-consequences/index.html.

(27) Independent International Commission of Inquiry on Ukraine, "Report of the Independent International Commission of Inquiry on Ukraine," (October 18, 2022), https://documents-dds-ny.un.org/doc/UNDOC/GEN/N22/637/72/PDF/N2263772.pdf.

終章
日本人が考えるべきこと

高橋杉雄

1. 次の戦争の「特徴」は？

これまで、この戦争がなぜ起こったのか、これはどのような戦争なのか、そしてどのように終結のシナリオを考えることができるかを議論してきた。ここでは最後に、ロシア・ウクライナ戦争を踏まえ、日本人が何を考え、何をすべきかを考えていきたい。

中国の急激な軍事力の近代化と一方的・高圧的な行動、北朝鮮の核・ミサイルの配備など、日本を取り巻く安全保障環境は世界で最も厳しいものであると言える。その厳しさはロシア・ウクライナ戦争が発生したいまでも変わらないどころか、中露の連携が強化されていることから、より厳しさを増している。その中で、特に台湾海峡有事が懸念されるようになっており、ここではロシア・ウクライナ戦争を踏まえながらより具体的に考えてみよう。とは言いながら、戦争はそれぞれにユニークな特徴を持つものであり、台湾海峡有事が起こったとしても、それがロシア・ウクライナ戦争と相似した形で起こるとは限らない。それでも、「次に起こるかもしれない戦争」として台湾海峡有事を捉えたときに、その戦争の特徴として予想されるものを、この戦争を踏まえて考えてみたい。

まず共通点として、以下の3点を挙げることができる。まず確実に言えることは、ロシア・ウクライナ戦争と同様に、「グローバリゼーションが進んだ時代における局地戦」になるであろうことである。台湾海峡有事は、ロシア・ウクライナ戦争以上に、グローバルな紛争にエスカレートする可能性は低い。ロシア・ウクライナ戦争において米国が軍事介入した場合には、理論的には極東方面に戦火が広がる可能性が存在する。それはロシアの国土が極東まで広がっているからである。しかし、現時点ではまだ中国の軍事的プレゼンスは東アジアに限定されており、台湾海峡有事がヨーロッパ本土を戦火に巻き込むような世界大の戦争に拡大する可能性は極めて低い。

しかし、物理的に戦場がアジアに限定されるとしても、グローバリゼーションで結びつけられたグローバルなサプライチェーンに甚大な影響を及ぼすものになる。中国と台湾のグローバル経済におけるプレゼンスは、ロシアとウクライナのそれとは比較にならないほど大きいからである。その意味で、ロシア・ウクライナ戦争以上に、戦場の状況が外交・情報・経済に影響し、外交・情報・経済が戦場に影響する、グローバリゼーションの時代ならではの複合的な性格を持つ戦争となるだろう。

第2に、ロシア・ウクライナ戦争と同様に、宇宙・サイバーにおいて民間セクターが大きな役割を果たすであろうことも予想できる。この戦争は特に、ニュースペースと呼ばれる民間主導の宇宙利用が、戦争においても大きな効果を持ち得ることを明らかにした。サイバー防衛においても、文字通り毎日ネットワークのセキュリティのために膨大なリソースを費やし、最前線で攻撃にさらされているマイクロソフトのような民間企業が、国家を上回るほどの能力を持っていることが示された。台湾海峡有事においては、相手は中国となるから、中国市場との関係で、今回ウクライナ支援に動いた民間企業がどの程度台湾を支援するかはわからない。しかし、民間セクターとの協力を平素から構築しておくことが極めて重要であることは明らかであろう。

第3に、グローバルな支持を得るための情報発信もやはり重要であり続けるだろう。ロシア・ウクライナ戦争では、この点においてウクライナは非常に大きな成功を収めた。ただ、対ロシア制裁に加わっていない国が数多くあることからわかるように、それでも完璧ではなかった。特に中国のグローバルな影響力はロシアのそれと比較にならないほど大きいため、台湾はウクライナよりも大きな困難に直面する可能性がある。

一方、技術的にはこの戦争と同じような形になるかはわからない。この戦争では、宇宙・サイバーの軍事利用の進展と組み合わされる形で、様々な局面で活用された無人機の効果が誰の目にも明らかになった。そのため、今後無人技術の軍事利用は加速度的に進むであろう。一方、２０２２年というタイミングからか、この戦争ではＡＩ技術はそれほど使われていない。民間でのＡＩ技術の利用がすさまじい勢いで進んでいることを考えると、次の戦争ではＡＩ技術が戦場に姿を現すことになろう。それを有効に使いこなせるかが、戦況に大きな影響を及ぼす可能性が大きい。

2．最大の教訓——戦争は始めるよりも終わらせることが難しい

なんと言っても、ロシア・ウクライナ戦争が示す教訓の最大のものは、戦争は、いったん始まってしまうと終わらせるのが難しいことであろう。戦争は1国だけの決定で始めることができるが、終わらせるためには少なくとも2カ国が合意しなければならない。特に、「落とし所」が存在しないアイデンティティを巡る戦争において、これはよりはっきりと言える。ロシア・ウクライナ戦争終結に向けたシナリオをなかなか描くことができないのは、まさにこの戦争がアイデンティティを巡る戦争となってしまっていることが大きい。

そして、台湾海峡有事もまた、それが起こってしまったら、「中華人民共和国とは分かれている現状の継続」を望む台湾と、「中華人民共和国に台湾を名実ともに組み込む」ことを狙う中国とのアイデンティティを巡る戦争になってしまう。

そうしたこともあり、台湾海峡有事は一度始まってしまうと、おそらく「終わらない戦争」となる。なぜなら、万一、台湾海峡有事が勃発してしまった場合、それは中国にとっては「負けることが許されない戦争」となるからである。台湾海峡有事を仕掛け、敗北するようなことがあれば、中国共産党の統治の正統性そのものに関わる。そのため、いったんこの戦争が始まってしまえば、ロシア・ウクライナ戦争におけるプーチン大統領以上に、習近平国家主席にとっては「負けられない戦争」となるのである。

一方、いったん戦端が開かれ、米軍が介入することになれば、米国にとっても「負けられない戦争」となる。台湾海峡有事の敗北は、アジアにおける米国の影響力の決定的な退潮のきっかけとなる可能性があるからである。

また、台湾海峡有事となれば、台湾に膨大な民間人の死傷者が発生するであろうし、米軍や米軍を支援する国々にも多数の死傷者が出る可能性がある。そうなった場合に、米国有利な戦況になったとき、戦後に米国が「一つの中国」政策を継続するとは考えにくい。多数の犠牲者を出したあとで、単に原状に復帰することを目標に戦争を行うことは政治的に困難だからである。

つまり、米側から見れば、終戦条件として、台湾を国家として承認することを含む、て、停戦に応じることはできなくなる。しかし、米国としても、その状況で原状復帰のみでとどめることはおそらく不可能である。そう考えるなら、台湾海峡有事が起こってしまうと、ロシア・ウクライナ戦争以上に、終結に向けたシナリオは難しいと言わざるを得ない。

3．大切なのは「戦争を始めさせない」こと

そう考えると、やはり大切なのは、「戦争を始めさせない」ことであることがはっきりとわかる。現在のパワーバランスで、台湾の方から戦争を仕掛けることはあり得ないから、台湾海峡有事について言えば、これは中国に「戦争を始めさせない」ことを意味する。そのために不可欠なのが、軍事的な抑止力の強化である。

もちろん、DIMEにおける軍事力以外の手段、すなわち外交や情報や経済も重要な役割を担う。特に外交の重要性は、どれほど強調しても強調しすぎることはない。しかし、外交は「落とし所」がある状況で機能する。アイデンティティを巡る対立のように、「落とし所」がない状況においては、外交によって相手国との関係を改善して紛争を回避することは難しい。話し合いによる妥協がそもそも成立しないからである。

そうした状況における外交の重要な役割は、対立する相手と話し合うことではなく、むしろ自らのパートナーを増やし、抑止力を強化したり、万一抑止が破れて紛争になってしまったとしても自らが有利な位置にいられるような形で世界各国との関係を構築しておくこととなる。ロシア・ウクライナ戦争におけるウクライナや米国の外交は、実際にはこの後者の役割が大きかった。

日本においては、外交は軍事と対置的に論じられることが多い。それは外交を対立する相手と話し合うという意味だけで捉えがちだからであろう。しかし、外交は重要であるが万能ではない。外交的協議のみによって問題が解決しない場合にも備えなければならない。そのための準備をしておくこともまた、外交なのである。そして、問題が解決しなかった場合に備える究極的な手段が、抑止力である。日本は、２０２２年12月に、「戦略3文書」と呼ばれる新たな戦略を策定し、併せて5年間で43兆円を防衛費に支出することとした。これは抑止力の強化に大きな意味を持つ決断であり、適切に防衛力の整備を進められれば「戦争を始めさせない」ための大きな効果を持ち得る。

現在、中国の戦闘機や水上艦艇の数は、米国に対して約7割のレベルに達している[1]。これを大まかに10対7としてみよう。これは一見、米国優位の状況に見えるが、実際は異なる。米軍はすべてがこの地域にいるわけではないからである。

仮に米軍全体の半分がアジアに展開しているとすれば、比率は実際には5対7となる。つまり中国が優位なのである。そうなると、残りの半分が展開できないと中国が認識した場合には、中国が自らの方が軍事的に有利であると考え、抑止が破れてしまう可能性は否定できない。ここで大きな意味を持つのが、日本の防衛力である。日本が2ないし3の力を持つことができれば、比率は7対7、あるいは8対7となり、地域レベルの軍事バランスにおいても中国は不利になり、抑止が成功する可能性が高くなる。こうした意味で、日本は、「戦争を始めさせない」ための大きな役割を果たせる可能性がある。

ヨーロッパとアジアの安全保障は切り離せない

なお、ロシア・ウクライナ戦争は、東アジアの安全保障にも大きな影響を及ぼす可能性がある。例えば、ロシアのウクライナ侵攻という明白な侵略行為に直面したときに、米欧日が連携して対処できなければ、中国が台湾を攻撃したとしても国際社会は反対しないと中国が認識する可能性はあった。その意味で、米欧日が進めてきたこれまでのウクライナに対する支援は、すでに、現行の国際秩序を維持するための米欧日のコミットメントの確く低下させている。

ただし、ロシアが最終的にウクライナに勝利し、ウクライナを「ロシアの一部」に組み込むことに成功すれば、ロシアの国力は高まり、文字通り「旧ソ連的な勢力圏」の構築に成功することになる。そうなれば、中露と米欧日のパワーバランスは、より中露優位に傾くことになり、アジアにおいてもより好ましくない安全保障環境が形成される可能性は低くない。

その点からも、ヨーロッパとアジアの安全保障は切り離せない。一方で、米国がウクライナにコミットしすぎて、本来アジアに振り向けるべきリソースをもヨーロッパに振り向けるようなことがあれば、それは中国に、「台湾海峡有事で勝てる」と認識させてしまう可能性を生むリスクがある。その意味で、ロシア・ウクライナ戦争は「大国間競争」に埋め込まれているがゆえに、アジアの安全保障にも大きな影響を及ぼすのである。

第2章で見たように、ロシア・ウクライナ戦争を抑止できた可能性は少ない。同時に、30年ほど時計の針を戻せば、いくつかの「あや」の中でこの戦争に至る道が紡がれてきたことがわかる。それはロシア経済の復活であったり、中国の台頭と、中国を「責任ある大国」に導こうとした米国の対中政策の失敗であった。しかし、１９９０年代初頭の段階で、ロシア経済を支援しない選択はなかったし、２０００年代初頭の段階で、中国を敵視して経済発展を阻止するような選択はなかった。世界は不確実性の海に囲まれている。意思決定者は、10年後、20年後の結果まで予測した上で、最善の結果をもたらすための決断をしたつもりであっても、それが実際に好ましい結果をもたらすとは限らない。そのことを、ロシア・ウクライナ戦争は教えてくれている。

いずれにしても、時計の針を戻すことはできない。ロシア・ウクライナ戦争の膨大な死者がわれわれに伝えていることは、何よりも戦争は始めさせてはならないということである。大戦争のたびに、このような戦争はもう起こさないという誓いがなされてきた。しかし同時に、人類の歴史は戦争の繰り返しでもある。それでもなお、次の戦争が起こらないための最大限の努力をしなければならない。それが、世界で最も厳しい安全保障環境に生き、凄惨なロシア・ウクライナ戦争を地球の裏側から目撃している日本人の責務である。

註

（１）　高橋杉雄『現代戦略論』（並木書房、２０２３年）１３４-１３５頁。

あとがき

高橋杉雄

安全保障専門家の間では、ロシアのウクライナ侵攻は予想された紛争シナリオの一つであった。２０１９年の11月に、米国ローレンス・リバモア研究所グローバル安全保障研究センターが主催して、「核兵器を持った敵国に対する通常戦力による紛争」というワークショップが開催され、筆者も参加したが、そこでは、朝鮮半島や台湾海峡に加え、ロシアのウクライナおよびバルト3国への侵攻のシナリオが議論された[1]。ただし、この時の議論は、ロシアのウクライナ侵攻は東部ドンバス地方の制圧を目的とするもので、占領を既成事実化するような戦略を採るだろうというもので、ウクライナそのものを「ロシアの一部」に組み込もうとするような形での戦争は、その時点では確かに想定されていなかった。その意味で、ロシアとウクライナの戦争そのものは想定の範囲内ではあったが、戦略的文脈を見誤ったということはできる。

そこで本書では改めて、戦略的文脈を中心に冷戦終結からの国際政治の流れを再検討しながら、この戦争を避けることができたのかを考えてみることから始めることとした。

ただし、筆者はロシアの専門家でもヨーロッパの専門家でもない。筆者の専門は安全保障戦略であり、地域として主にカバーしているのは東アジアであり米国である。そこで、欧州内の力学というより、中国の台頭や大国間競争の影響を中心に、戦争までのプロセスの分析を試みた。

２０２１年前半、バイデン政権はまず積極的なアジア外交を展開し、それからヨーロッパ外交に取り組んだ。その頃、米国専門家の中山俊宏氏と「米国の安全保障政策史上初めて、対露戦略が対中戦略の従属変数となったのではないか」という議論をしたことをはっきりと覚えている。私情で恐縮だが、本書では、２０２２年5月１日に急逝してしまった中山氏とのこの議論を、ロシア・ウクライナ戦争との関係で深く考えたかった。もちろん文責はすべて筆者に帰するものであるが、第１章で展開した、中国の台頭とロシア・ウクライナ戦争とが密接に関連しており、大国間競争に埋め込まれた形でこの戦争が始まったという分析の出発点は、この時の中山氏との議論にある。もはや叶わないことであるが、本当であれば、彼ともっと議論し、グローバルに俯瞰した上でこの戦争の戦略的文脈を考えたかったと思う。

筆者に限らず、本書の他の執筆者もみな、ロシアやヨーロッパの専門家ではない。ファンクショナル・スペシャリストと呼ばれる、特定の地域に立脚せず、機能的なイシューを中心に研究する専門家である。この戦争を「デジタル時代の総力戦」と捉えたうえで分析するに当たっては、地域専門家よりもファンクショナル・スペシャリストの知見が必要になると筆者たちは考え、議論を進めてきた。ただし、われわれが展開した議論については、ヨーロッパやロシアの専門家からは反論もあるかもしれない。厳しい批評と建設的な対話を期待したい。

　開戦以来、筆者は数多くのメディアに出演する機会を得た。そこで何度も、「落とし所はありませんか」「どうすればこの戦争は終わりますか」「いつこの戦争は終わりますか」という質問を受けてきた。筆者はそれに対して悲観的な回答しかできなかった。しかし、普段専門家同士の議論の中では出てこないような率直な質問になんとか答えていくうちに、「この戦争はなぜ簡単に終わらないのか」「終わるシナリオとしてはどのようなものが考えられるのか」についての考えをまとめていくことができた。これまでお世話になった多くの番組の制作スタッフと、共演したコメンテーターやアナウンサーのみなさまに、心からの感謝を申し述べたい。もし読者が本書を読んで有益な知識を得られたと感じて頂けるとすれば、それは、そういった方々が筆者に向けて投げかけてくださった様々な質問のおかげでもある。

「デジタル時代の総力戦」としてのこの戦争が見せている様々な特徴は、単にロシア・ウクライナ戦争にだけ当てはまるものではないだろう。東アジアという、世界で最も厳しい安全保障環境におかれているわれわれ日本人にとって、この戦争をしっかりと観察、分析し、自分たちの地域では戦争が起こらないようにすること、そして不幸にもそれが起こってしまったときには、できるだけ少ない犠牲で終息に導いていけるようにしておくことは極めて重要である。日本におけるそういった議論の進展に寄与できることを期待し、また、いまウクライナで、不当な侵略にあらがい、戦い続けている人々に心からの敬意を表しつつ、本書の結びとしたい。

註

（1） Center for Global Security Research, 6th Annual Deterrence Workshop Summary "Winning Conventional Regional Wars Against Nuclear-Armed Adversaries," (November 20–21, 2019), https://cgsr.llul.gov/content/assets/docs/Winning-Conventional-Wars-Summary.pdf.

〔執筆者一覧〕

福田潤一（ふくだ・じゅんいち）
笹川平和財団主任研究員。青山学院大学国際政治経済学部を卒業後、東京大学大学院総合文化研究科国際社会科学専攻で修士号取得、同専攻博士課程を単位取得退学。外務省国際情報統括官組織第二国際情報官室専門分析員（米国安保担当）、世界平和研究所（現・中曽根康弘世界平和研究所）研究本部研究員、法政大学大学院法学研究科兼任講師などを経て現職。航空自衛隊幹部学校客員研究員を兼任。

福島康仁（ふくしま・やすひと）
防衛省防衛研究所主任研究官。慶應義塾大学大学院政策・メディア研究科後期博士課程単位取得退学。博士（政策・メディア）。日本国際問題研究所軍縮・不拡散促進センター研究員補、防衛研究所研究員を経て現職。専門は宇宙政策、宇宙安全保障。主な著書に『宇宙と安全保障――軍事利用の潮流とガバナンスの模索』（千倉書房、２０２０年）がある。

大澤淳（おおさわ・じゅん）
中曽根康弘世界平和研究所主任研究員。慶應義塾大学法学部卒業、同大学院修士課程修了。外務省政策調査員、米ブルッキングス研究所客員研究員、内閣官房国家安全保障局参事官補佐、同シニアフェローを経て現職。専門は国際政治学（戦略評価、サイバー安全保障）。鹿島平和研究所理事、笹川平和財団特別研究員を兼任。

本書は書き下ろしです。

高橋杉雄（たかはし　すぎお）

1972年、神奈川県生まれ。防衛省防衛研究所防衛政策研究室長。早稲田大学大学院政治学研究科修士課程修了、ジョージワシントン大学コロンビアンスクール修士課程修了。専門は現代軍事戦略論、日米関係論。著書に『現代戦略論』（並木書房）、共著に『新たなミサイル軍拡競争と日本の防衛』（並木書房）、『「核の忘却」の終わり――核兵器復権の時代』（勁草書房）など。

文春新書

1404

ウクライナ戦争《せんそう》はなぜ終《お》わらないのか
デジタル時代《じだい》の総力戦《そうりょくせん》

2023年6月20日　第1刷発行

編著者　高橋杉雄
発行者　大松芳男
発行所　株式会社　文藝春秋

〒102-8008　東京都千代田区紀尾井町3-23
電話（03）3265-1211（代表）

印刷所　理想社
付物印刷　大日本印刷
製本所　大口製本

定価はカバーに表示してあります。
万一、落丁・乱丁の場合は小社製作部宛お送り下さい。
送料小社負担でお取替え致します。

ISBN978-4-16-661404-2